# 気学の道

聖法氣學會
創立七十周年記念論集

風詠社

生々の気
気学の道

聖優雨

伊藤 聖優雨 会長

松田 統聖 名誉会長

## 役員紹介

会　長
伊藤 聖優雨

名誉会長
松田 統聖

常任幹事
作道 潤聖

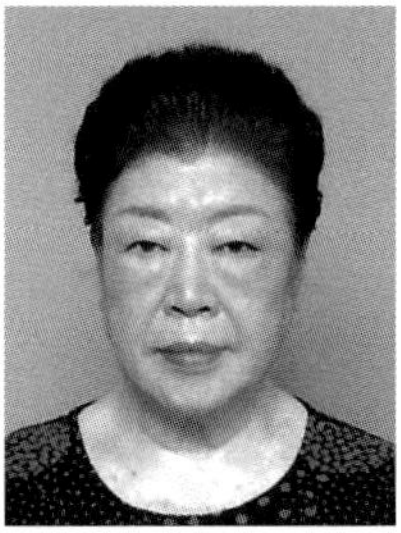

副会長
中村 笙聖

常任幹事
岩田 渓聖

幹　事
辻村 桂象

幹　事
小沼 直久

名誉顧問
村松 永聖

名誉顧問
松田 光象

特別顧問
菊川 隆聖

顧　問
宗田 泰治

創立者（初代会長）
宮 田 武 明 先生

第二代 会長
富 澤 弘 象 先生

# 思い出の風景

新年会の様子（2019 年 2 月 3 日）

ワンディ研修

気学のつどい（2017 年 10 月 21 日）

# はじめに

　このたび、当会創立七十周年を迎えるにあたりまして、記念の論集を発刊する運びとなりました。宮田武明先生が聖法氣學會を創立して、約七十年の歳月が流れたわけでございます。
　これも会員皆様との強い信頼の絆があってこそという思いで、感謝の言葉もございません。この間、会長という重責を富沢弘象、松田統聖の先生方が務められ、そして現在は私が会長の責務を負っております。気学が皆様の幸せと安定した毎日の一助としての役割を果たすべく活動し、会も皆様のご支援と現代の多様な要望に対応するべく発展して参りました。おかげさまで七十周年の記念論集を刊行するにいたりました。本書には会員皆様からの気学との出会いや触れあいなど貴重な経験談も掲載されております。どうぞご一読頂ければ幸いでございます。

令和五年一月

聖法氣學會　会長　伊藤　聖優雨

―目次―

# 第Ⅰ章　私の心に息づく気学

―大和路の想い出から―

会長　伊藤　聖優雨

# 第一節

イザナギ、イザナミは矛を使ってオノゴロ島を作り、その後二人は男女の交わりをなしてこの国を生んで行くが最初は失敗もあった。原因は女神のイザナミの方から「なんて素敵な殿方よ」と声をかけたからだという。再挑戦してイザナギの方から「何てすばらしい乙女よ」と声をかけ、今度は本州や四国、九州などの大地を次々に生むことに成功する。最初の失敗は、陰と陽の逆転と言われるが兄妹婚のタブーを犯したことに原因があるとする説もある、これは古事記に記された物語ですが、これをきっかけに私は易、気学、陰陽五行が織りなす不思議な世界に出会い、いつかその奥深い魅力に惹かれることになりました。

昭和四十四年九月、私は取り掛かりが遅れた卒業論文を書き上げる為、奈良県明日香村に向かっていました。本を読んでいてもイメージが湧きません。その地に行けば何とかなるのではないかという浅はかな思いから、初秋のある日、奈良県、橿原神宮駅から明日香村へ向かうバスに乗りました。これから一週間、全く無計画な何日かを送ることになるのです。

明日香村に到着した二十一歳の私は、写真で何度も見て様子を知っている蘇我馬子の墓と言われる石舞台古墳を目指しました。因みに『日本書紀』の推古天皇三十四（六二六）年五月の条に「大臣薨せぬ。仍りて桃原墓に葬る」とあり、大臣は蘇我馬子を指しているとされます。その日、その古墳を訪ねている人は私の他には二〜三人。のどかな田舎の風景の中に巨石で積み上げられた古墳は、素朴であるがままにありました。当時は入場料や案内人もなく、石舞台の内部も勝手に出たり入ったり好きなだけ居られたので、気持ちの昂ぶりとは裏腹に、その日は私も石舞台と同様に寡黙に何気ない振る舞いをして大きな石で組まれている内部を触り、驚き、感心し、不思議だらけの空間に包まれていました。

石舞台を心行くまで楽しんだ私が次に向かったのは飛鳥寺でした。推古天皇の時代に氏寺として蘇我馬子が創建したお寺です。その寺の庭で中大兄皇子や中臣鎌足、蘇我入鹿などが蹴鞠をしたと本で読んでおり興味津々でした。大化の改新の前夜に「乙巳の変」（いっしのへん）で中大兄皇子に暗殺された蘇我入鹿（そがのいるか）は蘇我馬子の孫ですが、迫りくる恐ろしい運命も知らず、鴨沓（かもくつ）を履き烏帽子をつけて優雅に蹴鞠を楽しんでいたことでしょう。この頃、百済からの帰化人の僧も多く渡来し、中国文化がどんどん入って来ています。思いを馳せ、寺の庭の木々などに目を遣りながらぼんやりしている内に時が経ち、そろそろ夕暮れが迫りつつありましたから橿原神宮駅まで戻り宿を探し落ちつきました。翌日はいよいよ酒船石です。

酒船石は、なだらかな丘のように見える山の上にあり、やはり花崗岩の巨石です。上面に楕円形の浅い穴や斜めの浅く細長い溝が彫られていました。何の目的、用途でそのような物が作られたのか私が訪れた五十年前も現在も不明のままのようです。酒の醸造、油の製造、辰砂（しんさ）の製造などが考えられています。辰砂とは丹朱（あかい色）で防腐剤として古墳時代には死者の棺などに入れた物です。その他に古代の水占（みなうら）を行ったのではないかと云う説もあります。水占という言葉は、万葉集に一つだけ出て来るもので、大伴家持が能登で詠んだ一首です。

妹に逢わず久しくなりぬ饒石川《にぎしがわ》 清き瀬ごとに水占はへてな

大伴家持

私は、妻に久しく会えずにいるが、元気にしているだろうか。饒石川（現在の仁岸川）の歩いて渡れるという清らかな瀬に降り立って、水占いをしてみたい。（訳）

水占は神前で祈祷して神聖な水に姿をうつしたり、その水を飲んで判断したと言われますが定かではありません。中国の易が入って来る前の日本古来の占いの方法は、太占（ふとまに）と言って動物の肩甲骨を火であぶり、そのヒビの入り具合で吉凶を判断したり、亀の甲羅を焼いて判断する亀朴《きぼく》、粥占、辻占、橋占などがあったと読んでいました。亀の甲羅による卜占は、皇室の重要な儀式・大嘗祭に於ける斉田定点ノ儀で現在も行われていますから歴史上の貴重な儀式が生きたものとして継承されています。さて、先の水占いは、京都鞍馬の貴船神社が有名ですが「みなうら」ではなくて、「みずうら」と読むそうです。「水占おみくじ」と言って、水に浮かべる前には文字は見えませんが、境内のご神水に浮かべると、文字が浮かんで見えて来るおみくじです。

さて、酒船石に向かったあの日の私はどうしたのか。驚いたことにその場所には私一人だけで誰にも会いませんでした。まだ、明日香村がマスコミに取り上げられる前のことでもあり、山の上に得体も知れずただ横たわる巨石を見に行く人は少なかったのでしょう。　私がどれだけ眺め、また触ってみても考古学者が考察しても確かな用途は分からないとされていますから、知識の無い私がしたり顔であの日訪れたことは思い返してみると全く恥ずかしいものでした。しかし、無知な一人の見学者の私を強烈な雰囲気を持つ何かが捉え、離しませんでした。低いとはいえ山の上にわざわざこのような巨石をなぜ運び上げたのか、もしくは、元々この場所にあったものを利用して加工したのか、どちらにしても液状のものを作っていたらしいとしか分かりません。斉明天皇が多武峰（とうのみね）の山上に六五六年に造営を試みながら、果たせなかった両槻宮（ふたつきのみや）に供されるる施設物ではなかったかという説もありますが決定的な答えは出ていません。しかし、ふとした瞬間に浮かぶ私の原風景は「あの日の酒船石」です。山の上から見渡す明日香村の全景、周りの木々がかすかに揺れて優しい風を私に送ってくれていました。そして酒船石の傍に好奇心いっぱいで、何の屈託もない私が立っています。

その後の数日は、飛鳥川に沿って歩き、詠まれた万葉の句とその風景を確認し、頷いたり、また遠くに見える大和三山の香具山（かぐやま）・畝傍山（うねびやま）・耳成山（みみなしやま）の山の名前の美しさに感心しながら山の優しい稜線を時を忘れて眺めました。天から降りて来たので天の香久山と言われる香久山を詠んだ持統天皇の次の歌があります。

春過ぎて夏来たるらし白妙の
衣ほしたり天の香具山
持統天皇（万葉集 巻一 二十八番）
※新古今和歌集（巻三 夏 百七十五番）

春夏の衣替えの為に干してあると思われていますが、田植えという重要な農耕儀礼の晴れの日に備える厳粛な物忌みであったと解釈する説もあります。

この風景の中にいると、大和の歴史が持つ厚み、この地に住んだ古代の人々が時には権力を手に入れる為に策略し、殺戮し、また、ある時は人を愛し、懸命に生きた姿が生き生きと見えるようでした。時間の経過とともにこの地が持つ強いエネルギーを感じた私に、この地で繰り広げられた人間模様から湧き出る強い生活感のあるエネルギーを与えてくれたように思えました。それは、静かに、静かに私の全身に広がって沁み渡って行くようでした。

明日香村のあぜ道を歩きながら時折はクラスメイトのことをふと思ったりしました。中原中也風の詩を書いていたT君。学園紛争で学校が閉鎖中、教室からいつの間にか姿を消してしまった。いつも泣き出しそうな顔、ナイーブ過ぎて心配、後期の授業は出てくるかしら？　親しい友人のHさん、もう郷里の広島から東京の下宿先に戻っているかしら？　早く話したい。彼女から私は良いものを沢山受け取っている。ある時、別の友人が彼女に向かって「Hさんて、こういう人よね。」と言った、その時、いつも穏やかな彼女が「私をよく知らないあなたから言われたくない、私のことをよく知っている彼女に言われるのだったら別だけど……。」と傍らにいる私を見ながら言ったことがありました。静かで物事の本質を捉える能力が高い彼女のキッパリとした新たな一面を知りました。結婚後一時、京都に移り住んだ彼女には、息子の大学入学時寄宿先のこと等々で世話になったこともあり、広島と千葉と離れていても彼女とは、五十余年経った今も変わらぬ関係を保っている。

明日香村から東京に戻った私は、真面目に卒論に取り組み、必要とした万葉集の一部を叔父から借りることもありました。この本に関しては、曰くがあります。叔父が軍隊に召集され戦地に送られた時のこと、その戦争の最中に叔父から義兄にあたる私の父に「戦地に万葉集を送って欲しい」という手紙が届きました。戦時下で父は大変苦労して手に入れ、その分厚い本二冊を送りました。検閲で目にした上官は、この戦下で万葉集とは何事だ！と刀を万葉集に突き刺したそうです。私が借りた際にも刀の跡だと言って渡されました。叔父は戦闘意欲のないどうしようもない兵隊だったようで昼行燈と揶揄されたそうです。その叔父に「卒論が書けたら、ぜひ読ませて欲しい」と言われていたにも拘らず未熟な内容が恥ずかしく約束を守ることができませんでした。しかし、叔父は私の結婚式には日本一のスピーチをするからね、と言い約束通り、私をよく理解してくれていると分かる重みのあるはなむけの言葉を贈ってくれました。反して叔父に誠意を示せなかった私は自分を恥じ、その苦い思いは時折私の胸をチクリと刺します。

## 第二節

あの明日香村での体験から導かれるように三十年を経て私は気学を知りました。恩師松田統聖先生の「学問の世界遺産を皆さんは勉強しているのですよ。」の言葉通り、気学の奥深さを年々深く知って行くことになりました。日本文化は、中国の文字・思想・哲学・学術・医術・暦等々、あらゆる面でその影響をうけて発展していますから、中国の文化を色濃く留めています。古代中国の思想、哲学の根本は陰陽五行思想と易の思想です。その為気学を学ぶ私達は陰陽五行思想と易を理解することが気学への第一歩ということになるでしょう。

以下は、かいつまんでの陰陽五行思想についてですが、古事記、日本書紀でも確認できる陰陽五行思想は欽明天皇十四年の五五三年に大陸から日本に渡り、その後推古天皇十年の六〇二年に百済の僧観勒《かんろく》により暦本、天文地理、遁甲方術書が伝えられました。日本に入った陰陽五行思想の普及は七世紀初頭までは緩慢でしたが、六四〇年頃の留学生の帰朝後は急速に進みました。さらに六六三年百済滅亡の結果、多数の百済亡命者を迎えた天智朝、天武朝においては陰陽五行思想の隆盛は頂点に達するのです。冒頭の飛鳥寺の蹴鞠を思い出していただけますか、あの頃です。壬申の乱後、天武天皇は陰陽寮を設けました。現代で言えば、文部科学省や国の危機管理にあたる防衛省というところでしょうか。平安時代には賀茂保憲・安倍晴明が活躍し、その後は晴明の後裔、土御門家が引継ぎ諸国の陰陽師を統括し、陰陽道として定着して行きました。

徳川家康は、陰陽五行思想に精通していた天海僧正を重用し、家康亡き後も、天海は秀忠、家光と三代に亘って仕え影響を広く与えました。因みに天海は陰陽道の知識を駆使し上野の寛永寺、日光東照宮を建立しています。陰陽五行、及びその実践としての陰陽道は国家組織の中に組み込まれ朝廷を中心に年中行事、占術、政《まつりごと》、医学、農業等広範囲に実践応用されました。しかし、明治維新を境に陰陽道は残念なことに俗信として退けられ、国家組織の中枢からその姿を消してしまいました。しかし、その伝統を伝える諸家も多く存続し、現在に至っているという状況です。気学を学ぶ私達も誤解を受けないよう、気学を正しく使って行こうと心しています。

【太極図・八卦展開図】

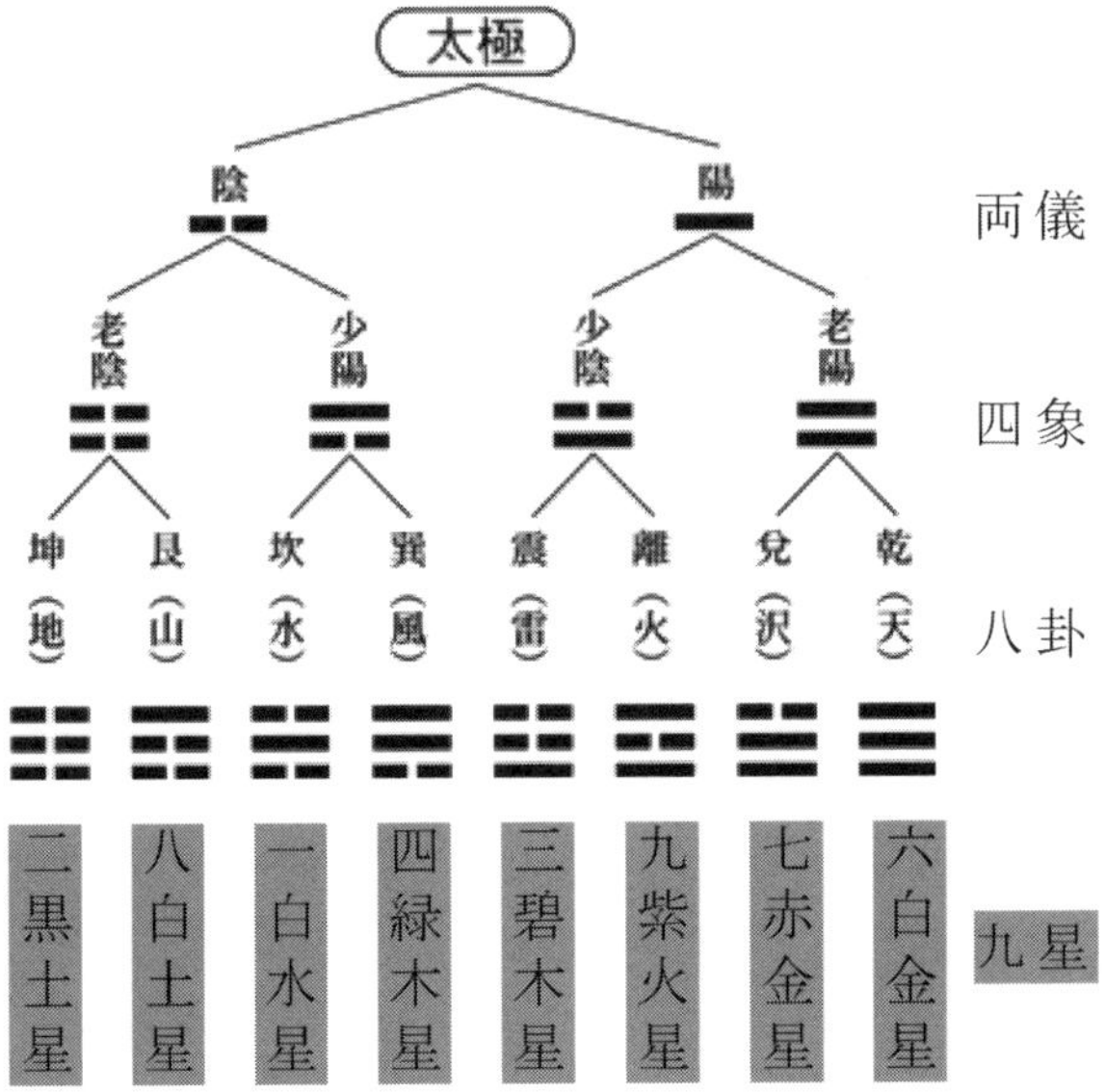


図—1

※太極図・八卦展開図は易ですから、本来は九星の記載はありません。

さて、先にも書きましたが、陰陽五行思想と易は中国古代哲学です。古いようで新しく、私達の生活の中にしっかり息づいています。それでは、どのように私達のすぐ近くに存在し、私達にどのように関わっているのかについてふれてみたいと思います。

## 第三節

〈太極〉

占いとしてではなく、思想としての易の核心は太極という言葉に集約されます。陰陽未形以前の根源、陰陽二気の源は陰陽混沌とした気の状態ではっきりした象になる前の段階を太極と言い定まった形はありません。

〈両儀《りょうぎ》〉陰と陽

我が国の古来の神話の世界にも陰と陽を思わせる箇所があります。国生みの神、イザナギ、イザナミは男女の交わりをなして、日本の国を生んで行きますが、最初は失敗してしまいます。冒頭にも書きましたが、原因は、出会いの際に順番を間違え、陰である女性のイザナミから先に「なんと素敵な殿方よ」と声をかけてしまい、陽を上位、陰を下位とした法則に反してしまったからです。陰と陽は古代から大切なことと認識されていたことが窺われます。

気学に出会った当初、太極からまず両儀の陰陽が成立し、陰陽から四象、四象から八卦と展開して行く図を見て、いったい何を意味しているものなのか考えてしまいました。私なりに言葉であらわしてみると陰陽未分化の混沌とした状態を太極とし、太極から「陽」の気がうまれ「天」とし、また「陰」の気が生まれ「地」と理解しました。この陰陽の二気は、太極が形を成したもので同根の関係です。そこで陰陽二気は互いに引き合い、親密に往来し、交感、交合します。これは陰陽五行に於いて最も重要な根本原理とされる天地同根、天地往来、天地交合です。陽と陰は一見すると相反する本質を持っていますが、元々が同根ですから、互いに往来すべきものです。また、本質を異にする為、却って互いに牽きあい交感・交合するものとも言えます。例えば、天から地上に降った雨は地下に浸透します。しかし、やがて太陽の熱に温められ蒸発して雲となり、それが再び雨となって地上に降り注ぐ。このように天地間の往来があって、はじめて万物は生々輪廻が可能になります。因みに陽気は、暖かい、積極的（能動的）、強い、大きいなどとし、陰気は寒い、消極的（受動的）、弱い、小さいなどの象徴とします。

**〈四象《ししょう》〉**（老陽・小陰・少陽・老陰）

陽は成熟、成り上がった、仕上がった状態を表しています。

陰は若さ、未熟さから次の段階へ変化して行く状態を表しています。
四象は陰と陽の力の強弱を表します。

老陽は陽と陽の組合せです。温かい気が二つ重なって「暑い」となる、つまり夏です。
小陰は根っ子で陽。基本的には暖かいが寒さが残っている、つまり秋です。陽中の陰少陽は根っ子で陰。基本的には寒いがもう暖かさがあるので季節はつまり春。陰中の陽老陰は陰と陰の組合せです。寒い気が二つ重なって「寒い」となる、つまり冬です。

右のことから、いかにも男性らしい男性は老陽。女性的な男性は少陰。男性的な女性は少陽。いかにも女性らしい女性は老陽とす、などと勝手にアレンジし、一人可笑しく思います。

〈八卦〉

四象それぞれに陰陽を加えて八卦になります。これがこの世の森羅万象をあらわす基本の八種の象、乾・兌・離・震・巽・坎・艮・坤です。古代中国の伝説の帝王伏犠が作ったとされ、日、月、星の天象、山川の地形を見て天地自然の万象を八卦として表したと言われます。八卦も当然陰と陽に区別されています。

【陽のグループ】

☰ 天乾（六白金星）
☵ 水坎（一白水星）
☳ 雷震（三碧木星）
☶ 山艮（八白土星）

【陰のグループ】（　）内は対応する九星

☴ 風巽（四緑木星）
☱ 沢兌（七赤金星）
☲ 火離（九紫火星）
☷ 地坤（二黒土星）

## 〈気学〉

陰陽二気の組合せから出来ている易は、気の動きやそれによる現象の兆しを筮竹で占うもので、現実社会が気によって成り立っているという考え方は易も気学も共通しています。気学では易の八卦と気学の九星を対応させています。お気づきでしょうか、図のように太極を中心にして乾～震（初爻がすべて陽）までと巽～坤（初爻がすべて陰）までと八卦を左右に分けることが出来ます。

さて、図を見ると五黄土星が見当たりません。元々、気学である九星と易の八卦を対応させようとすると九星が一つ多い為、易卦を持たない星が出来ますが、はみ出した星は五黄土星です。はみ出したという意味は、後でも触れますが陰と陽の気の混一の状態であるということです。このことから五黄土星という特別な気の働きを持った星・五黄土星は万物の生死を司る星（気）とします。そのため、五黄土星の気の働きは四季の土用を司るという形でもあらわれます。

◯四月の春の土用は、それまでの春の気の働きを消滅させ晩春の季節を終わらせます。
そして、夏の気を生むことによって初夏の季節を開始させる働きをします。

◯七月の夏の土用は、それまでの夏の気の働きを消滅させ晩夏の季節を終わらせます。
そして、秋の気を生むことによって初秋の季節を開始させる働きをします。

◯十月の秋の土用は、それまでの秋の気の働きを消滅させ晩秋の季節を終わらせます。
そして、冬の気を生むことによって初冬の季節を開始させる働きをします。

◯一月の冬の土用は、それまでの冬の気の働きを消滅させ晩冬の季節を終わらせます。
そして、春の気を生むことによって初春の季節を開始させる働きをします。

このことからも五黄土星は特別な星であり、また、陰陽混一の気ということから万物の根源であることが分かります。その為、一白水星～四緑木星までと六白金星～九紫火星までを八卦にあてはめ、五黄土星を陰陽二気を生む易の太極と類似する星として後天定位盤の中宮に据えました。

古来、参天両地という言葉があります。この意味は数の成り立ちを象徴する言葉ですが、同時に、数の奇数（陽）の代表は三、両は数の偶数（陰）の二であるので三と二をあわせると五となり中宮の五黄土星が陰と陽を兼ねていることになります。従って「九星」に於いても八卦の段で書きましたように陰と陽にそれぞれ区分されますが「五黄土星」は、後天定位盤の中宮に回座している理由の一つでもあるのです。その為五黄土星は、善でもあり、悪でもあり、男でもあり、女でもあるというように相反する両面を持つとされるのです。

## 第四節

次に、陰陽五行が私達の生活の中に取り込まれ、その存在を発揮している事象を「能舞台」から見て行きたいと思います。世阿弥の能はほとんどが夢幻能です。主人公は、この世に怨みを残して逝った人々の霊がほとんどです。彼らはその思いを謡い、舞い、やがて舞台から消えて去るという設定です。能舞台は、現世とあの世という二重の世界の統一構造といえるでしょう。世阿弥は執拗に二重性にこだわっていますが、中国の古代哲学、陰陽五行の世界観があったからではないかと考えます。人間を生者（陽）と死者（陰）と考え、人が死去することを「鬼籍に入る」と言いますが、人が死んだものを「鬼」とします。このように人間が男女から成るように生者と死者も同様、陰陽をもってしまいます。また、能舞台とその装置は、幽界に潜む鬼や霊を呼び、迎える為の呪術的な仕掛けであって、それ自体重要なものなのです。能舞台は三間四方の板の間「本舞台」その後方に続く「後座」(舞台に接する所で、囃子方が位置し演奏する場所、また後見の場所）の左方から斜めに延びる「橋懸り」の三部から成り、本舞台の右方はほんの僅かに張り出していて、ここを地謡座・脇座とします。茶の湯において、一間半四方の方形の茶室が易の五行を象って、一室に世界の万象を込めているとすれば、同じく三間四方方形の能舞台もまた易の五行を象っているように思えます。まず、舞台中央の鏡板に描かれた松です。松はその姿形、常緑樹、風雪に耐える千年の樹齢等々として万人に愛好される要素を充分に持っていますが、別の視点、五行の面から考察してみます。松の異名は数多くありますが「十八公」もその一つで、松の字全体を十と八に分解したものです。また、「公」の古字は八と白の合字で「㒶」、八白と読むことが出来ます。松を解字すると「八白の木」です。現代の我々とは比較にならない鋭い感覚を持っていた先人達は松の字に潜む八白の意味を敏感に感じ取って呪術的にも盛んに使用しました。八白とは、気学では八白土星のことであり、易では「艮」、十二支にとれば「丑・寅」です。丑寅は一日では昨日と今日、一年では旧年と新年の境目です。この世の全ては有限で終わりがありますが、その有限を無限に転ずるのは、その終わりを始めにつなぐことです。継ぎ目は物事の永遠性を約束するものである為、限りある生命体の人間にとって、もっとも重視されました。奈良、平安時代より家と後継ぎの問題は最大の関心事で「子無きは去る」が社会通念でしたから、次のような歌も詠まれるほどでした。

子の日する野辺に小松のなかりせば
　千代のためしに何をひかまし
　　壬生忠岑『拾遺和歌集』

子の日の今日、もし野辺に小松がなかったら幾世にもわたって、家が栄え続いて行く証として一体、何を引いたらいいのだろう。(訳)

また、橋懸りはあの世とこの世を結ぶ所そして亡霊が現れる時と所と解されていて、そこには三本の松が必ず置かれています。その三の数は気学では三碧木星の三を意味し、三碧木星は東(卯)震宮。象意は雷・震・顕現・発展。三本の松は単なる舞台装置ではなく、亡霊の顕現を促す重要な役目を担っていることが分かります。

昔、私は謡と仕舞をほんの少し嗜んでおりましたが、当時は気学を、ましてや陰陽五行思想など知るでもなくお稽古をしておりました。ですから、能舞台の意味するものなど考えることもなく、そういう決まり事としか考えていませんでした。能舞台の例に限らず陰陽五行思想に基づくものを挙げてみると其処此処と際限がありませんが、次はより身近な生活の中に見られる例です。

日本料理の基本的な決まり事とされるのは五味【甘・鹹（塩辛い味）・辛・酸・苦】五色【赤・黄・青・白・黒】五法【生・焼・煮・蒸・揚】です。また、包丁にも陰陽があり、和包丁はほとんど片刃ですから刃の付いている右側は陽、刃のついていない左側は陰となります。気学では円は陽、四角は陰であらわしますが、その和包丁を使って丸いものをむく時は刃の右側陽に当たりますから丸いものは陽となります。また、丸いものを四角くしようとすれば四面を切り落とします。その場合は包丁の左側が当たりますから、これによって四角いものは陰となるのです。料理を盛る器も同様に陰と陽があり、浅いもの、丸いものは陽、深いもの、四角い器は陰、品数の奇数は陽で、偶数は陰です。盛り付けにも向かって右が上位、左が下位と決まっています。

また、飛騨の高山は歴史の重みを感じさせる町、何度でも訪ねたい魅力に溢れた城下町です。この高山で土産品に売られている「さるぼぼ」は、その可愛らしさから観光客が、よく「孫のお土産に」と買われていますが、実は「さるぼぼ」には五行による深い意味があります。十二支の「申」

の五行は金性です。昔の人々は、十干では庚・辛、十二支では申・酉にあたる金性がピリピリとした何か危険な「気」だということをうすうす肌で感じていました。そこで絣の着物にお腹の部分には魔除けでもある赤い布を施したかわいい猿を作りました。そして、金性の気を持つとされた猿の四肢をまとめて縛り、金性の気を封じ込め危険な気が自分達の身に及ばないことを願いお守りとしたのです。これは呪術的なものであると思われます。呪術は人間が自己の能力の限界を知り、その限界を飛び越える努力です。他の地方でも同様のことが聞かれます。その度に、陰陽五行思想がこんなところにも生活の中に入り込んでいるという事実に感心し、昔人の日々の生活から生み出された智慧とも言うべき自然な形の陰陽五行思想の世界が一層深いものに思われ、それは気学の世界においても鮮やかな色彩に溢れ、輝きを増して行きます。

さて、学生時代の明日香村への旅から始まった私の気学の道は、いまもなお続いています。気学の奥深い深淵に、また人間が気学との関わりで織りなす森羅万象への考察など尽きることがありません。

人生の半ばで、ある日偶然に出会えた松田統聖先生から二十年に亘り教えを乞うことができるとは思ってもおりませんでした。先生から勉強する姿勢を厳しく教わりました。気学について多くの事を学ぶことが出来たことは、私にはかけがえのないものとなっており、お会いできたことは、いまでは偶然ではなく必然だったのではないかと考えることもあります。

絶対的な天の気に逆らわず、包容力のある地の気に包まれたあるがままの私。自然にいだかれ、その奥深さを心行くまで堪能し、人生を楽しみたいと思うこの頃です。最近、荘子について読みました。世界は大自然との調和、あるがままということが人間の生き方の根本である、とあり、自分に取って都合の良い所だけを切り取った「好いとこ取り」で更にその意を強くしています。天には天の決まりごとがあり、人間には人間社会の掟があります。自然をむやみに破壊することによって私達人間が苦しむことになっていくようで残念でなりません。文明の発達に伴い、現在の人間社会は、地球温暖化、核戦争の恐怖、ウイルスの蔓延により、生命の存続さえ危うくなっています。人智をもって自然を超越しようなどという愚かなことをしたばかりに現代の私達は、いま悩み、うろたえています。気学を学ぶ中で自然の摂理や、抗いたい自然の「気」の流れについても知ることになり、そのため自然と環境についても付随的に関心を持つようになりました。この美しく優しい、しかし、ある時は容赦のない厳しさを持つ「自然」に畏敬と憧憬の念を持っています。それは法則通り四季を巡らせ、厳しい冬の後に巡り来る春には桜を咲かせ、世の中は変わることがないという安心感（やすらぎ）を与えてくれるからです。この幸福感の中で、宇宙空間に溢れる「気エネルギー」を敏感に感じ取り、それを活用し、私は健やかに過ごしてまいります。気学が持つ奥深い理論を本当に理解する為の「気学の道」はどこまでも遠く、まだまだ続きます。

了

# 第Ⅱ章　運命、天命、そして気学の道

―真気学論 素描―

名誉会長　松田 統聖

## 1

私達は、「これは運命としか思えない」とか「これも運命か」という言葉を一生の間に一度も使わないということはなく、聞かないこともないでしょう。不意に病いを得ること、予期せぬ人との出会い、あるいは受験の合否、結婚をはじめ家族構成に至るまで「運命」という言葉を「使う」または「聞く」機会はたくさんあります。「禍福はあざなえる縄の如し」という言葉はこのことと表裏一体です。広辞苑などの辞書によれば「運命」とは「人間の意志にかかわりなく、身の上にめぐって来る吉凶禍福。それをもたらす人間の力を超えた作用」とあります。他の辞書も大同小異です。要は「私達人間の意志では如何ともしがたい状況に遭遇すること」ということでしょう。たしかに、現実の世界は私達の意図、思惑、努力などのコントロールを超えた限りない様々な要因でなりたっています。それによって、人生が劇的に転換したり、予想だにしない吉凶禍福に出会うなど、あげつらえばきりがありません。このように人生を送る中で、様々な状況が要因となって、私達の希望や意図が思いがけず大きく破綻したり、逆に自分の予測を越えた好結果に恵まれることがあります。そしてそれらの状況をもたらした要因が自分の意志や努力の結果で説明できないとき、私達は「運命」という言葉を思い浮かべるのです。平和にみえる私達の日常でも、不慮の交通事故やテロなどに巻き込まれていきなり命を失い、将来の人生を断たれることなどは悲嘆というしかない運命の最たるものでしょう。ということは、先ほども述べましたように、運命の「命」とは、「使命」とか「命令」という意味ではなく、その人の意志を越えた状況、本人の意志のコントロール外の状況という意味で「さだめ」として受け入れる場合があります。つまり、運命とは人の身の上に合理的な因果関係がなく、巡り来るさだめ（命）を言っているのです。

ところで「運命」がこのようなものであるのに対して、他方では「天命」というものがあります。両者はときどき混用されることがありますが、天命という言葉は、運命に比べると耳にすることはさほど多くはありません。それは、これらの言葉の間に私達が何か相違を感じているからではないでしょうか。一体「運命」と「天命」はどこが違うのでしょうか。

## 2

そこで、もう暫くこのことについて見ていきましょう。同じく広辞苑などの辞書で「天命」の項を見ますと「天命とは天の命令。天が人間に与えた使命」とあり、具体的な例として「人事を尽くして天命を待つ」とあります。ここで気がつくのは、運命も天命も、ともに「命」という言葉は共通しているのに「天命」のほうは「天の命令。天が人間に与えた使命」とあるように主体、主語が天であるのに対して「運命」のほうは「命」が「命令」の意味であるとすれば、その主体、主語がないということです。つまり天命は天の意思による状況（さだめ）ということで、その状況をもたらす主体は天ですが、運命とは合理的な因果関係を司る主体を見いだせない場合に、その状況を心で受け入れる際に使われる言葉といえるのです。こうして、天命はその人に対する天の命令、天からその人に与えられた使命ということですから、「天命とは人為を越えている存在」ということが分かります。さらに「人事を尽くして天命を待つ」という諺をしばしば耳にしますが、私達は「人事を尽くして運命を待つ」とは言いません。この例から分かることは「天命である」という言葉と「運命である」という言葉との間には、その状況に対する受け止める人の気持ちや暗黙の評価の違いがあるということです。すでに述べたように、運命とはある状況をもたらした原因として、その人が合理的因果関係が見い出せないこと、あるいは因果関係の起因が自分の意図と何ら関わっていないと感じたときに、使われる言葉であると言っていいでしょう。従って、運命という言葉は、喜びであるとするなら「思いもよらない喜び」であり、悲しみであれば「納得のいかない悲しみ」という感情がつきまとっているのであり、場合によっては「怨み」をも帯びてくるのです。

では、天命とはどのようなものなのでしょうか。次に天命についての手がかりを中国古代思想に求めることにしましょう。

## 3

中国思想研究の泰斗である武内義雄氏は、その著『中国思想史』(注1)のなかで、「天の思想は古い中国の民族信仰に本づいて起ったものであるから、……」と指摘し「『天』の字は、大の字の上に一線を画した文字で、大は人が両手をひろげ両足を踏張って立った形を描いた象形文字で本来は人を意味し、其の上に一線を画した天の字は人間の上を覆う所の天空を示したものに相違ない。然し人間の祖先として考えられる天は、吾々の上を覆うている天空ではなくて、天空上にあって下界を支配する帝或は上帝を意味する様に思われる。」と述べている。そもそも「天」とは、古代中国王朝においては、森羅万象の主宰者（意志や感情をもった人格的存在）であり、王朝の存否をも左右するという畏敬の念をもって語られた究極の存在者でした。例えば、古代中国の歴史を伺うことが出来る『詩経』や『書経』には「天命常なきなり」(注2)あるいは「ああ、天というものを頼みがたく思うのは、その天の命が一定していないからなのです。……」(注3)などとあって、天に対する感情的な受け止め方が多々見うけられるのです。
天に対するこのような人格的、あるいは主宰者的な捉え方は時代を下るとともに薄れてきますが、しかし、その後も長く中国思想にその余韻を残しています。その代表例が『論語』(注4)にみられる次のような孔子の言葉です。
孔子が仁義礼智信の実践こそが、天から与えられた使命であると述べ、
「五十にして天命を知る」(為政篇)
という有名な言葉、あるいは彼の弟子で人望が篤く徳行の高い顔淵が死んだとき、
「ああ、天は私を滅ぼした。天は私を滅ぼした」(先進篇)と慟哭していること、また、弟子の中で最も人格者で優れた徳行の人とされる伯牛が不治の病に罹ったとき、
「おしまいだ。これは命というものだ。こんな立派な人格者でも、こんな病気に罹ろうとは」(雍也篇)
と嘆いた言葉などです。さらに、
「天を怨みもせず、人をとがめもせず身近なことを学んで高遠なことに通じていく。私を分かってくれるものは、まあ、天だね」(憲問篇)
とあるように、孔子にとっての天は、意志をもつ人格的イメージを抱いていることがわかるので

す。

ところが他方では「天は何か言うだろうか。四季はめぐっているし、万物も成長している。天は何か言うだろうか」（陽貨篇）

とあるように、孔子が天を四季の巡りを代表とする自然現象としてとらえている言葉がみられるのです。このような天のふたつのイメージ、すなわち人格、非人格という二極化は時代が下がって先秦諸子時代に至り、客観的、合理的な観方が根づくにつれ、天を自然現象とみようとする傾向が徐々に具体的になってくるのです。そして、このような人格、非人格という曖昧な天にほぼ決着をつけたのが荀子です。彼は孔子よりずっと後にあらわれた先秦諸子の一人で、性悪説を説いたことで有名な人物です。その著『荀子』の中で「天とは、四季の規則正しい巡りに示される自然現象にすぎず、意志をもった主宰者ではない」と述べ、人間は天与のものであるから、その性（生まれつき）は善であるという孟子の性善説を批判し、所謂「性悪説」を説いたのです。一例をあげれば、「天の作用というものは、常に一定の法則というべきものであり、人間から独立したものである。聖人である堯のために吉をもたらすものでもなく、非道で暴君である桀のために凶をもたらすのではない。……天と人との区分は明かであり、これを知っている人は至人というのである。（注5）」という言葉が残されています。このように、荀子は、天に対する崇尊という儒家的理念を残しつつも「人格的な天」をギリギリまで否定し「天とは人格的な要素をもたない自然のこと」という存在として位置づけられているのです。

以上のように、天命には太古の中国で「森羅万象を司る主宰者」としての「天」の思想が根ざしており、それが時代を下るとともに主宰者的な畏怖の念をひきずりつつも、客体化され四季の巡りに象徴される機械的な作用が強い自然現象としての「天」へと変遷していったのです。要するに、先秦時代に先立つ春秋から戦国へと時代を下るに従って、季節の巡りなどの自然の作用と現象として、非人格的な捉え方が顕在化してくるのです。このように、天は意志をもった畏敬すべき存在者という余韻をのこしつつも、主として春夏秋冬の四季の巡りを規則的に繰り返す自然の客体的（非人格的）な作用と現象というとらえ方が強くなってくるのです。

ところで現代の私達でも、天命と運命の違いを感じていることはすでに触れてきたとおりですが、天命が運命よりも上位に位置づけられていることがわかります。事実、既にふれたように、天命は天を主宰者とみて「天」の「命」令としての「天命」という言葉があるのに対して「運命」の場合の「命」には、「命ずる」主体がはっきりせず、主宰者というような人格的意味はありません。

では、現代の私達は天命をどのような場合に使うのでしょうか。それは現前の状況を目にして「それが意志や努力という人間のはたらき（人為）による結果とは到底思えない」とき、人間を越えた天の存在を想定して「天のはからい、つまり天命としか言いようがない」という心情を抱くときではないでしょうか。例えば、悪事を犯した人がうまく逃げおおせたと安堵していても、あるとき本人が予想だにしないところから、過去の悪事が発覚してその報いをこうむるとき、「天罰」という言葉が使われるのも同じ理由でしょう。但し、運命は通常ネガティブな状況に身をおいたときに使われることが多いのですが、天命はポジティブな意味でも使われます。例えば「この職業は自分の天命だと思っている」という言葉は、一生をひとつの仕事に捧げた人がしばしば使う言葉です。つまり「自分の職業は、どのような逆境、挫折、浮き沈みなどの状況（運命）に出会っても、天によって自分に定められたものだ」ということの表現として使われています。運命、天命ともに人間の意志や努力に関わりなくふりかかってくる境遇や状況のことですが、運命はあくまでも合理的な原因が不明であるとして、そこで打ち切られるのに対して、天命は人知によっては因果の起因は不明だが、その往き行く先には天の意思、あるいは天の配慮を伺おうとする心、そのような心情が隠れているのです。天にはこのようなイメージがあるからこそ、運命という言葉がもつ「無機質的な響き」ではなく、自然としての天を擬人化して、その動きに抱き込まれているという「情緒的な響き」としての「感情的なもの」を私達はもつのです。こうしてみれば、現代の私達に至るまで、天に対して人格的なイメージが心のどこかに残っているのではないかと思われるのです。

このように、運命は意図しない吉凶の両面に直面した場合で使われ、多くの場合は、「無念さ」「口惜しさ」などのネガティブな心情的余韻を持っているのに対して、天命には、さらに「宥め」「癒やし」あるいは「励まし」などを求める心情を感じるのです。事実、天職、天賦、天誅、天寿、天然、天佑など、このような天のイメージの由来を考えるとき、運命という言葉にはない、天命という言葉の深さに気づくのではないかと思います。このような天の働き、作用を陰陽の気の根拠、即ち太極ととらえたのが、易経の繫辞伝（以下、易繫辞伝という）なのです。そしてこの易繫辞伝の太極を気学の五黄土星と見なしたのが、大正、昭和期に活躍し、日本気学の創始者というべき園田真次郎氏（１８７６～１９６１年　以下、園田氏と略す）であることは、私がこれまでの論説で指摘してきたところです。(注６) つまり、天は易繫辞伝における森羅万象の根源としての太極であるとして、園田氏は気学における五黄土星を太極に擬したのです。次節ではこの点を見て行きましょう。

## 4

まず、簡潔に言いますと、私がこれまでの論説で繰り返し述べてきたように、易繫辞伝でいわれる太極は、宋学的解釈に立てば気学における「五黄土星に擬する」ことができるということです。

ここで「擬する」とした意図は、繋辞伝の太極と気学の五黄土星が「すべての意味で同じである」ということではなく、繋辞伝における太極と気学における五黄土星とは、存在論的に共通した位置にあるということです。つまり、太極も五黄土星も万物の存在の根拠という存在論的根源になっているということです。

このようにみると、実は、気学とは中不中（鑑定が的中する、的中しない）を競うだけの「運命学（所謂占い）」にとどまらず、私達人間にとって、自分が生きていることの意味をも明らかにしてくれるものということができるのです。この宋学の理気太極論を気学に取り込んで、このような観方を切り拓いたのが園田氏でした。ここでは、この太極と五黄土星とのかかわりについて、しばらく拙著『気学の初歩から哲理まで』に記載した該当部分に沿いながら述べていきたいと思います。(注7)

そもそも易繋辞伝には「易に太極あり……」また「形而上を道といい、形而下を器」という言葉があります。ここで、形而上とは「感覚的には捉えられないもの、対象化できないもの、厳密には言葉によっては規定できないもの」ということであり、逆に形而下とは、「感覚的にとらえることができるもの、対象化できるもの、言葉によって規定できるもの」のことであり、要するに森羅万象、事々物々を意味しているのです。(注8)また宋の時代になると太極を道、無であるが、それは陰陽未分の無形の気の状態としてとらえる立場と、太極が道、無であるということは、太極は理（事々物々ではない)、その意味で形而上であり、気は器(即ち事々物々である)、つまり形而下であるとして、理(太極)と気(器)のふたつを形而上、形而下として厳密に区分する立場が出てきました。つまり、易繋辞伝の太極についての解釈は、はっきりとふたつの立場に分かれてきたのです。前者は、周濂渓(1017~1073年)、張横渠(1020~1077年)らに代表される立場で、太極は無であるが、それは「何も無い」のではなく、陰陽混一の気、従って無形の気であるとする立場であり、後者は暫く後の朱子(1130~1200年)で、太極は理(形而上)であり、これに対して陰陽混一の無形であっても、それが気であれば器(形而下)であるとして両者を厳密に区分したのです。(注9)

このように、周濂渓、張横渠などが理解する太極とは、陰陽混一の無形の「気」であって、それは陰と陽の二気となり八卦へと展開し、こうして森羅万象、事々物々が成立する過程を示す論理(イメージ)が成立するのです。従って、太極は現象としては常に事々物々、即ち森羅万象に示されており、同時に事々物々の存在の根拠であるということなのです。換言すれば、彼らによれば、事々物々の根源とは太極であるが、それは陰と陽に分かれる以前の(「以前」といっても、時間的な先後ではなく、論理的前後、即ち、作用と現象、あるいはエネルギーと現象という意味での)気との「二而不二(二にして二にあらず)」という仏教的用語での関係であって、朱子のように「太極＝理」とし、太極から気を排除する考えとは異なる立場なのです。そして気学における気とは、あえて言えば、この周廉渓や張横渠が説く気なのです。（注10）

このような張横渠らの捉え方に沿って、気学では事々物々を成り立たせているのは陰陽混一の気エネルギー、即ち作用、働きであり、それは同時に「その事々物々が成り立っている（ある）」という現象に五黄土星の作用をみることができるのです。換言すれば九星として集約されて展開される事々物々は、五黄土星の気によって支えられている九種の作用と特徴を備えた九種類の気として捉えることができるのです。そして、九星の気が備えている現象の意味を「象意」というのです。

さて、もう少しこのことにこだわって話しを進めます。陰陽未分の気であるこの五黄土星の作用とは、現象（つまり現実世界）を成り立たせる根源的作用であり、森羅万象の在り様を一言で表現するために、生成枯死という言葉を使うわけです。換言すれば、この生成枯死を成り立たせる万物の主体である五黄土星という気は、生成枯死を実現する莫大なエネルギー、爆発的なエネルギーであると同時に、このような作用の現象としての万物の生成枯死であり、従って太極と同じように五黄土星も作用と現象の二面があり、作用とは生々の気エネルギー、現象とは生成枯死という象意ということになります。このように、森羅万象に共通している、生まれる、成長する、衰える、そして死滅、消滅するという現象は五黄土星の気エネルギーによる作用なのです。但し、現象が事々物々の生成枯死ということでは、抽象的で具体的ではないため、五黄土星の象意として、例えば法外な栄華や繁栄、あるいはどん底の零落や死滅というような極端な具体例を取り上げることになるのです。

以上を要約すると、五黄土星の気エネルギーという作用と、その現象である森羅万象（即ち、九星のすべての象意）についてのこのような解釈は、既に述べたように「二而不二」のような関係なのです。というのも、存在論的には作用（形而上）と現象（形而下）とは別個（「二」）であり、他方、作用によって現象は成り立ち、同時に、現象によらなければ、現象を成り立たせている作用を知ることができないという意味で「不二」ということなのです。しかも、易繋辞伝では、太極は一面では無形の気の陰陽への分裂・結合という作用であるため、森羅万象、事々物々と太極との関係は常に「二而不二」ということを考えると、敢えて表現すれば次の太極・八卦関係図のようになるでしょう。(注11)

太極・八卦関係図

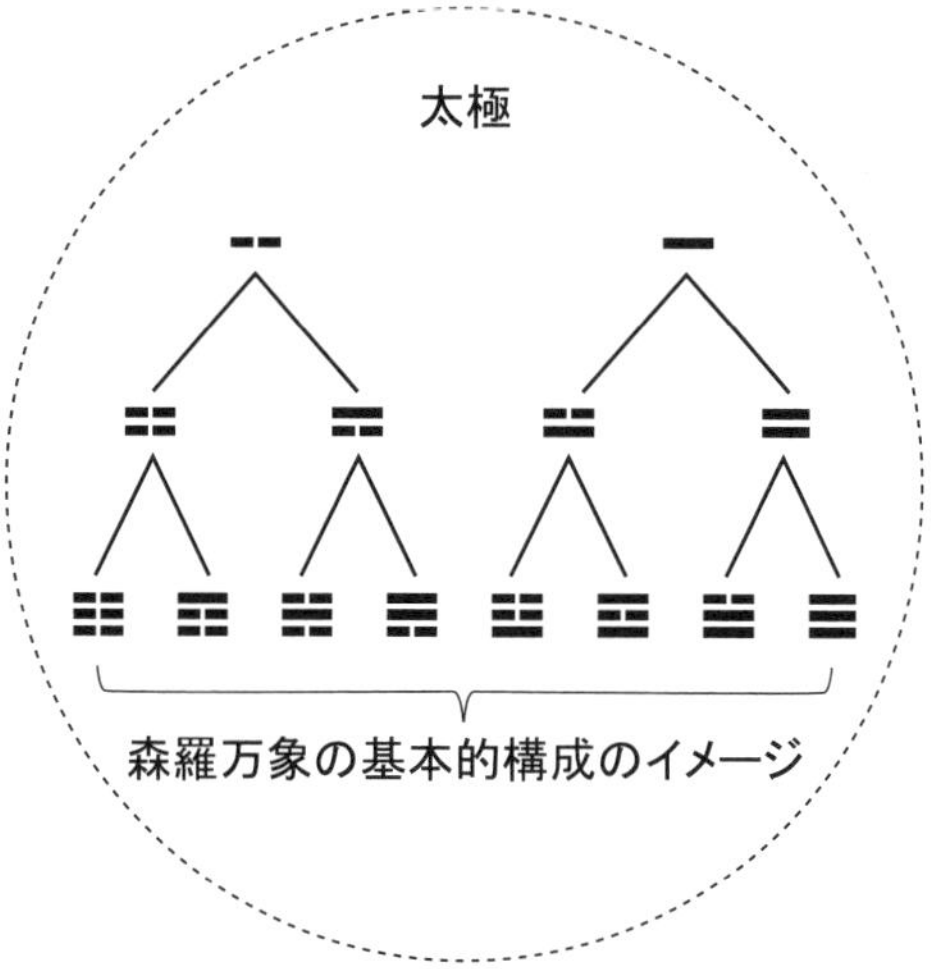


この様にして、五黄土星の「二而不二」、即ち作用と現象として区分し、しかも現象と作用は一体であるということを表しているのです。つまり、現実の現象盤である後天定位盤の中宮に五黄土星と表記することによって、後天定位盤が九星の配置の基準となり、運気の判断基準になることができるのです。

さらにこの点を明らかにするために、ここで朱子の『周易本義』に掲載されている伏義八卦方位図の中宮と文王八卦方位図の中宮、そしてこれを範とした気学における先天定位盤と後天定位盤の中宮の相違について次図を参考に説明していきます。

伏羲八卦方位図

（図―1）

文王八卦方位図

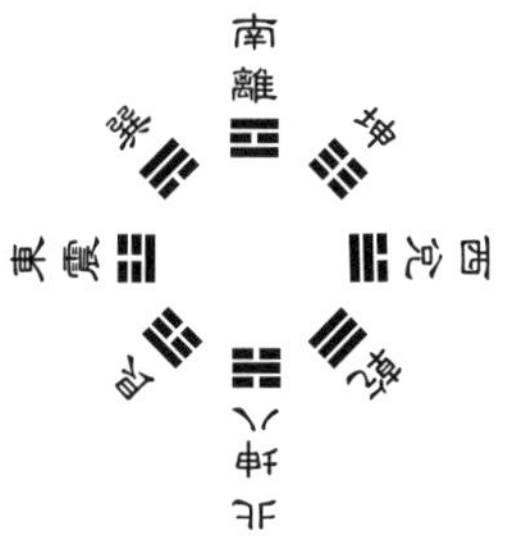


（図―2）

先天定位盤

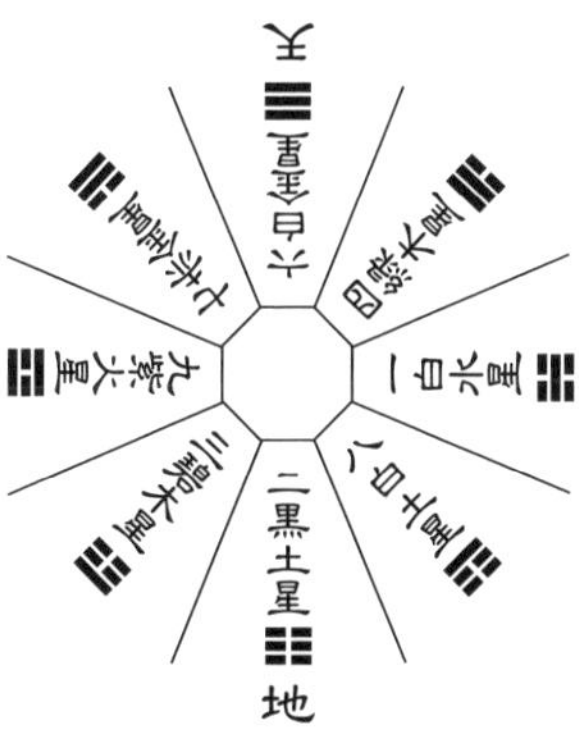


（図―3）

後天定位盤

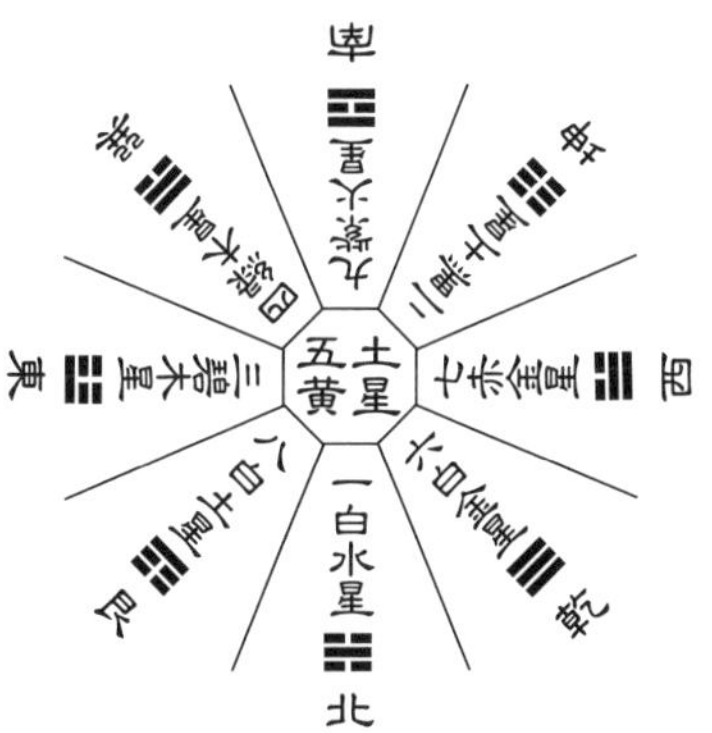


（図―4）

まず、事物の存在の根拠を問うという「存在論的」な立場から、朱子は八卦の配置を示す図として伏羲八卦方位図（図－1）を掲げているのであり、その中宮には太極（理）が配されています。そして形而下、即ち、森羅万象、事々物々はその現象ですから、その区分を示しているのが「存在的」な立場からの図として文王八卦方位図（図－2）を掲げているのです。即ち、八卦を成り立たせている中宮（太極）は理（無）であり、それは「存在的には何も無い」のであって、朱子の立場からすれば空白とすべきであるので、そのようにされています。しかし、気学では事物の根拠を示す盤である先天定位盤（図－3）の中宮は気エネルギー、つまり万物を生成枯死させる五黄土星の「作用（動き）」であって現象ではないために、空白になっているのに対して、後天定位盤（図－4）は五黄土星によって個別化された九星の配置盤であり、即ち現象としての事物の盤ですから、現象面の盤である後天定位盤の中宮に五黄土星と表記しているのです。ここに現象を重視する気学の特徴が示されているのです。

この『周易本義』の二図と気学の二盤の中宮の相違を説明できるかどうかが、五黄土星の特徴を理解できているかどうかのポイントになるのであり、ここに気学における五黄土星の解釈が最難関とされる理由があるのです。

## 5

以上のように、気学の五黄土星とは、易繋辞伝の太極のように、私達を含めた森羅万象の生成枯死を推し進める気エネルギーのことなのです。五黄土星は生死を司ると言われる所以がここにあるのです。そしてその他の星は、五黄土星という強力な気エネルギーが、その展開する方位によって個々の星の気へと個別化し、一白水星から九紫火星へとそれぞれの星（陰陽五行の気から成り立つ九星）になるのです。つまり、象意がない五黄土星のエネルギーは四正、四隅の方位に順って一白水星から九紫火星へと作用と現象が個別化、独自化されるのであり、象意もそれぞれの気（星）に順って異なってくるのです。（注12）従って、九星の気がすべて五黄土星の気によるものであると誤解してはならないことは言うまでもありません。ただ、中宮は中央で方位がありませんから、中宮には五黄土星の生成枯死の気エネルギーが五黄土星としてそのまま作用し現象しているのです。以上のことは、とりもなおさず五黄土星以外のすべての星は生成枯死の気（五黄土星）を基盤として包含しているということです。事実、年盤、月盤、日盤、刻盤などでは、五黄土星の回座方位、及びその対冲の暗剣殺方位を使えば、その人の本命星がいずれであっても大凶殺となるのは、いずれの星の人も本命の気の根底に五黄土星の気をもっているため、本命殺とは五黄殺であり、本命的殺とは暗剣殺になるということでもあるのです。

ところで、存在者の根源を太極としての気におくという点では、周濂渓や張横渠の気の思想と気学は気の存在論としては同系統ではあるのですが、彼らが太極を善と見なしている（朱子にとってはとくに太極は絶対的に善であった）立場とは、気学は袂を分かっているのです。それは、宋学は無の思想を老荘思想や仏教思想から影響を受けて理気の存在論を展開してはいますが、朱子は儒教的価値観の下にあり、聖人を究極目標とする修養論の構築を目指しているために、存在者の根源である太極を道徳的な善としたのです。これに対して、気学は運命学であり、道徳的制約の必要がないために、先述したように作用の主体としての五黄土星を表現すれば、善悪吉凶禍福という両極にわたる現象を含むことになるのです。ところで、従来の気学では中宮に回座した星の人の運気は、八方塞がり、あるいは移転や新規事業の立ち上げなど何事をするのも凶とされてきましたが、それは正しくありません。そうではなくて、五黄土星と同会したときの運気の特徴は五黄土星の強い気エネルギーをうける結果、人は万能感に浸りがちになってしまいやすいというところにあるのです。ここで言う万能感とは、具体的には唯我独尊的な自信をいだき、自分にはひとつの間違い（誤謬）もなく、すべてを自分の思い通りにすることができるという感情のことで、一種の高揚感を感じる人もいます。従って、必要なことは自分の星が中宮に回座したら、自然に沸き起こる「自我の衝動」をおさえ、周囲の意見に耳を傾け自分の気持ちをうまくコントロールできれば、中宮の強い生々の気のエネルギーをストレートにうけるのですから、これまで手がけてきた事業や、企画の実現、あるいは昇進、業績の急上昇など、思いどおりの実績を残すことができ周囲の注目をあびるのです。それは、あたかも向かい風をめがけて凧を揚げるようなもので、自分がもつ力以上の勢いで楽々と凧を高く天空に舞い上げることができるようなものです。このように生々の気という五黄土星の気をうまく受け入れれば、万事が思いどおりに結実する強運に恵まれるということです。しかし、高揚した気持ちのままで、あるいは「自我の衝動」に煽られて独断でことを進めると、自信過剰のために脇が甘くなり、状況を自分の都合のいいように解釈し、その結果大きな失敗を招くことになります。あたかも、風に煽られてその力をうまくとらえられない凧が地面に叩きつけられバラバラに壊れてしまうようなものです。これが気の受け入れ方を誤るということです。例えば、ジワジワと職場や家庭内に漂っていた不信や不和による離職、解雇、離婚、それによる一家崩壊などが一気に発火点に達し爆発するようなものです。その結果、悪い意味で周囲の注目をあびるのです。このように中宮（後天定位五黄土星）に同会するということは、私達の本命星が生々の気エネルギーの力を真正面から受け入れることであり、もし、その強力な気エネルギーを心身がコントロールできず、その結果、森羅万象の自然の気の流れから外れれば、意図しない凶事に見舞われることになっていくのです。しかもすでに述べたように、人間の本命の気というものは多々偏っており、その結果、エネルギーの莫大な五黄土星の気をうまく受け入れることが難しい場合が多いため、五黄土星との同会という運気の読み取りでも、従来の気学では五黄土星の象意としては、専ら厄災凶悪が強調されることになってきたのです。(注13)

なお、中宮回座という場合ではなく五黄土星が回座する「方位」を使った場合は、五黄殺という大凶作用しか現象しないことはいうまでもありません。

以上、五黄土星に同会する場合と五黄土星が回座する方位を使った場合について述べてきましたが、五黄土星回座以外の方位を使う場合も、気の受け入れ方を誤ればそれぞれの気の特徴による凶災をうけることになります。というのも、すべての九星はその基盤が五黄土星（生々の気）ですが、易説卦伝で八卦と方位との関係が明らかにされているように、八方位に展開した気エネルギーがその方位によって、一白水星（坎）から九紫火星（離）までの象意（気の特徴）が定まっているからであり、そのため、その気と本命の気との関わりかたによって、象意の具体的作用が吉凶のいずれかになるからなのです。

このように、象意とは五黄土星（生々の気）を基盤とする九星それぞれの気エネルギーの作用の現象のことですが、この現象する象意には九星それぞれに種々多数あり、それらの象意のどれに注目するべきかは、その気とそれを取り込む側である人（本命星）の状況によって絞り込まれるということです。ということは象意を暗記して、方位と象意とを安易に機械的に結びつけるのは、気学として十分ではないということを意味しているのです。例えば、月盤で八白土星が回座している方位に行ったからといって、不動産に縁も関わりもない人が不動産の話を持ちかけられたり、相続の問題に巻き込まれるというような、安易な判断をしてはいけないということなのです。これは、人の気質を判断する場合も同様です。本命星の象意から導き出す際に、その人の本命星とそれぞれの九星の象意とを短絡的にむすびつけると、とんでもない人物像になってしまいます。象意は気学の切り札ですが、これらの点についてよくよく留意しなければなりません。（注14）

いずれにしても、五黄土星という生々の気エネルギーを根源として、九星（の象意）のもとに生きていく私達にとって、その都度の九星の気の作用（象意）を見極めることができるかどうか、それに沿った受け入れ方ができるかどうかによって、気の作用が吉として結実するか、凶となるかが決まるということです。ここに気学と天命の接点があるのです。つまり、気学の実践とは、気学に則って九星の気をうまく取り込んで生きていくことであり、こうすることによって納得できる人生をギリギリまで求めることが可能になるということなのです。以上を誤解を恐れずに大把みにまとめれば次のようになります。古代中国に起源する天命としての人格的天の存在が、時代を経て自然の天となり、気の根源である太極として宋代に確立した思想において万物へと論理化を遂げ、それが今日の気学の骨子となったのです。

そして、このように自分の生き方が大自然の生々の気によって支えられているという確信こそが、気学を学ぶ情熱となるのであり、天命を越えた境地に到達する道であると言うことができるのです。これが気学の道なのです。

## 結びにかえて

まず、この論説の「運命、天命、そして気学の道」という題目について、ふれておきます。いうまでもなく、運命に関する書籍は深淵な哲学的なものから通俗的なものまで、あまりにも多く、汗牛充棟の如しであることは言うまでもありません。この論説は、中国古典思想のいくつかを端緒とした運命、天命についてのイメージのもとに易の太極に擬せられる気学の核心が五黄土星であることを明らかにすることによって、運命、天命と気学との関係にふれ、さらに気学がもつ占術とは別のもうひとつの面を論じようとしたものです。

さて、当会は創始者である宮田武明氏が、昭和二十八年に三枝大定師から気学を受け継ぎ昭和三十年に聖法氣學會を創立してから、今年で七十周年を迎えることになりました。私が宮田氏に初めてお目にかかったのは、大学で哲学を学んでいる頃でしたから、ほぼ六十年前のことです。当時、私は気学についての関心は僅かしかもっていませんでした。つまり気学とは人が生まれた時に身体に取り込んだ気（本命星）を核にして、この本命星から移転や旅行、入院などの方位の吉凶や運勢、家相、そして他人との相性の良し悪しなどを経験的な判断を交えて行うものと考えていました。また、当時は「まず九星ありき」ということで、核心である「気とは何か」については無関心のまま、気学の鑑定が行われていると感じていました。その後も私は大学で独逸哲学、中国哲学を学び、最終的には李氏朝鮮における易学と太極論についての研究に向かっていました。しかし、専ら博識を競うという学究生活に私は疑問を抱くようになり、人生におけるひとつの区切りをつけることにしたのです。私は「ものを識る人生」よりも、「ものを考える人生」を送りたかったのです。そしてその当時、三枝氏、宮田氏を経て園田真次郎全集、特に五黄土星編を偶然に手にすることによって、それまで私が抱いていた気学に対するイメージが大きくかわり、当会に籍をおくことにしたのです。

つまり、園田氏の著作にふれて、彼が気と人間の関わり、そして森羅万象を貫き通す気の作用を解明しようと試みていたこと、それは宋代の性理学で重視された太極の解釈をもって気学の中核である五黄土星の気を捉えようとしていたことであることに気づいたのです。言い換えれば、園田氏によって気学における気とは何か、五黄土星とは何かを探る試みが初めてなされたのです。しかし、園田氏によるこのような試みは、気学の存在論的基礎を確立するところまでには至りませんでした。勿論、園田氏は著作の中で、気学における気の意味について繰り返し述べ、宋代の性理学の知識をもって気学の気の真義を明らかにしようとしたことは間違いありません。これは園田氏の大きな功績であり、それまでの気学が論理的根拠がなく「ひたすら効験（経験的な効果）」に頼っていたのとは違い、気学を論理的に構築しようとした最初の人であったのです。

ところで、気学に対する私のような姿勢に対して「気学は占術を専らとする運命学であって哲学や論理的分析の対象とするものではない」と思う方もいるかもしれません。しかし哲学とは「事物、現象の根拠を明らかにすることはもちろんですが、それに基づいて、人の生き方までを思索の範囲とするもの」であり、これを不問にして、即ち、気とは何か、現象とは何か、象意とは何かということを明らかにせずに、事物、現象のなかで生きる私達の吉凶禍福、まして運命や天命を語ることも、判断することも出来ないのではないでしょうか。気学という運命学において、人間という存在者の「生き（有）死に（無）」を扱う存在論がなければ、それはただのオミクジ的占いでしかないのです。このことを深く思い巡らす必要があるでしょう。

また、ここで気学は私達の人生にふたつの大切なことをあたえてくれるということについてふれておきたいと思います。第一は占術、占技としての役割です。これは九星の象意にあらわれる気の作用、方位、運気、家相などの吉凶や盛衰の仕組み、状況への対応の仕方を学び、そうして様々なケースを経験するうちに対応力や鑑定力がついていくもののことです。この気学の熟達によって、自分自身、家族、あるいは人生の岐路に立つ人々や負の連鎖に悩む人々の力になってあげることができるようになります。そして言うまでもなく、これらの占術の精度を高めるには、そもそも「気とは何か」ということを真摯に考えなければなりません。このことが気学におけるもうひとつの大切なことに繋がるのです。つまり、気学を通じて私達と気との関わりに迫ることによって、自分自分が納得した人生をおくる心の素地が形成できるということです。別の言葉で言えば気学による大切なものの第二とは「生々の気が心身に満ちている」ということを実感しそれを保持すると言うことであり、これは決して難しいことではありません。私は随所で「生々の気」と言う言葉を使い、これを五黄土星と同意に解釈してきました。しかし、誤解のないように明確にしておきますが、「生々の気」といっても、それは空気やあるいは特別な「気体」ではないということです。そうではなくて、易の八卦を構成し、逆に八卦に区分されているような自然界に満ちている気エネルギーのことであり、気から空気を連想して、肺に吸い込む空気に限るわけではありません。事実、活気がある、気力がない、気配が感じられる、雰囲気が良いなどは、私達が肺に吸い込む空気によって感じられるのではありません。これらは私達がもっている気力によって成り立っているのです。易繋辞伝が気によって現実の世界が成り立つ仕組みを説明しているように、生々の気というものが別の所にあるのではありません。そうではなくて、「いま、ここに生きている私」にあるのです。そしてこのことに気づき、そこに心を集中し、それを保持しようとすることによって、私達は「生々の気」を実感できるようになるのです。そして天命との接点もここにあるのです。

このように気学は占術、占技を使う術技にとどまるのではなく、自分が「いま、ここに生きている」ということの実感と確信を与えてくれる運命学なのです。言い換えれば、気学を突き詰めていくと、占術としての気学の彼方に、もうひとつの気学の面として気学によって新たな地平、境地が開けてくるということ、気学はこのような面をもっているということを、この機会に記しておきたいと思います。これが、私が半生をかけて気学を学び、そして気学から得た「私の気学」の結論といってもよいでしょう。

さて、最後になりましたが、長く私の気学の道を支えてくれた盟友、伊藤聖優雨氏との出会いと氏の誠心誠意の助力がなければ、私が大切にしている「私の気学」の確立はありませんでした。ここで、心からの感謝を申し上げたいと思います。

今後は聖法氣學會の学統に託した私の志を、長く研鑽を共にした伊藤聖優雨氏に託すこととし、これをもって本稿の結びにかえたいと思います。

［追記］

私はこれまで気学における園田真次郎氏（以下園田氏）の功績を評価しながらも、同時に氏のその論旨に曖昧さが残されていることを指摘してきました。ここで、この点について少しく説明を補っておきたいと思います。園田氏は気学の起源を易に由来するということを明確にし、気学の気の根源を易繫辞伝の太極に位置づけました。このことは『氣學大全　上巻』「第一章 総論 三、気学の組織内容」（22頁）の表に示されていることから明かです（当会の創始者である宮田武明氏のもとで昭和期に発行された旧「氣學明鑒」にも、太極を九星の起源とする同じ表が提示されており、ここにも当会の気学の基本が園田氏と同じ立場であることが示されています）。このような事情のもとで、私は園田氏の思索を収録した資料によって、氏の太極についての解釈において、中国宋代に発展した性理学の影響が気学の五黄土星の解釈に強く認められることに気づいたのです。つまり、園田氏において五黄土星の真義が易の太極に擬されているととらえ、気学の存在論を構築する端緒を明らかにした先駆者として氏を高く評価してきたところです。しかしながら、氏は残された資料のなかのいくつかの箇所で、太極は万物の根源であり、それは天であって、天ということは六白金星である云々という三段論法的な解釈を提示していることも事実です。例えば、『氣學大全上』「第二章 各論 一、太極（一）太陽を以って太極とす」という項目において、「気学に於いては、天地間の万物万象は、皆悉く気より生じたものであると云う見地から、気の大元、大本、中心を乾の六白の純陽の気、即ち太陽を以て太極と致します。」と述べています。しかし、太極が六白金星であるとすれば、先ほど紹介した気学の組織表と大きく食い違ってしまいます。というのも、六白金星は太極から陰陽二分以後の八卦のひとつである乾卦（☰）の気であり、存在論的には太極と六白金星（乾）と同じ位置としてとらえることはできないからです。では、何故このような矛盾した言葉が残されているかといえば、園田氏が天に対する価値的（宗教的）傾向を強く抱いていたため、太極の解釈に揺らぎが顕れることになったのではないかと思います。ここで「揺らぎ」と評したのは、園田氏は太極を陰陽未分と把握しながらも、万物の根源として考えたとき、天への信念的傾斜から太極の現象的な展開の結果を純陽（☰）の六白金星（天）と直截結びつけてしまい、このような存在論的矛盾を起こしてしまったという意味です。事実、この言葉に続いて「太陽は即ち体霊であり、こゝから発する霊気が即ち気の本源である。」とあり、「体霊」「霊気」という表現は、このことをよく物語っているように思えるのです。なお、念のため『氣學大全 下巻』第五章（六）乾位 六白金星（78頁〜）を見ますと、そこでは六白金星を太極とするような言葉はみえません。

なお、ここで私がいう存在論的と存在的との相違について、園田氏の「天は萬物を始むと云う理である。始むとは生ずるのではない。生ずるとは有形体の物を云う。始むとは無形の気の活動を指すのである」（『方象講義録』「五黄土星篇 亘は神の働きに象る」73頁）という示唆深い言葉があります。即ち、この言葉で「始む」は存在物の存在の根拠のことであり「生ずる」とは単に存在物のことである、という区分が氏の認識にあることを示しているのです。事実「五黄の裏は六白で天であり、太極である。……つまり九星の中心をなしている星が五黄であると云う意味もありますが、太極の作用を表したもの、太極そのものゝ表現であると見るのが妥当であります。」（『氣學大全 下巻』「三、後天定位解説（三）中央五黄の活作用」11頁）という言葉にあるように、先天定位盤と後天定位盤との関係を表、裏という表現でとらえていることには、論理的な不徹底さを指摘せざるを得ませんが、いずれにしても太極は存在論的意味を示すのであり、五黄土星は太極が現象する森羅万象の根源を示す星であるという認識を園田氏が抱いていたことが分かるのです。

以上、園田氏の功績を評価しつつも、氏が十分に気学を確立できなかったという理由の一端にふれてきました。私は園田氏の研究が目的なのではなく、園田氏が残した言葉を手がかりにしつつ、私、並びに聖法氣學會における真の気学論の確立を目指してきたので、氏のこのような矛盾点をことさらに論じることは避けてきました。今回、「本稿の結びにかえて」の中で、私の気学の確立という表現を使いましたので、この機会に園田氏に対する私の立ち位置を明確にしようと思い、追記として述べた次第です。

（了）

【注】

(1)『中国思想史』（武内義雄　岩波全書）5頁

(2)『詩経』（講談社学術文庫）137頁

(3)『書経』（角川ソフィア文庫 中国の古典）124頁

(4)『論語』（金谷治訳注　岩波文庫）為政篇 35頁　先進篇 206頁　雍也篇 112頁　憲問篇 293頁　陽貨篇 355頁

(5)『荀子』天論篇（片倉望　西川靖二　角川書店『中国の古典』荀子・韓非子）28〜29頁 参照

(6)『実践する気学』（松田統聖　伊藤聖優雨　東洋書院）、『気学用語事典』（松田統聖　作道潤聖　東洋書院）

(7)『気学の初歩から哲理まで』（松田統聖　花澤瑛象　風詠社）２４０〜２４６頁。但し、今回の論説のために加筆修正した。

(8)本文で使われている「森羅万象」と「事々物々」は同じ意味である。個々の事物は現象であり、それは森羅万象のひとつである。ただ、文脈の都合上、現象を強調する場合は「森羅万象」、個物や事物を強調する場合は「事々物々」としているにすぎない。

(9)宋学の理と気については、現代に至っても研究論文が発表されているほどの大きなテーマである。いずれも精緻を尽くして論じているが、『易』（本田　濟　朝日選書）に記載されている解説が比較的手際よくまとめられていると思う。ここに簡単に紹介したい。「太極は……極めて大きなもの、陰陽に先立つ何物かを意味する。晋の韓康伯はこれを無と規定し、朱子は陰陽変化の理といい、清の王夫之は陰陽分かれぬ混合体という。朱子は、陰陽も形而下であり、陰陽変化するその理が形而上の道だ、という。」５６０〜５６８頁
朱子の性理学において、存在論の立場からみると理は無（理法）、気は器（事物）という理気二元論的構造としているから、理ということは「存在物の在り方」ということであり「事々物々を成り立たせるのは理である」が、理は対象化できないから、従って無と言わざるを得ないということになる。これのような理について「朱子の理は存在としては無、意味としては有」（『朱子学と陽明学』島田虔次　岩波新書　89頁）という安田二郎氏の独特な表現が紹介されている。このことは太極（理、性、無）について言葉による説明が、如何に難しいかを示し

ている（太極に擬する気学の五黄土星も同様である）。

⑽『気学の初歩から哲理まで』（198頁）では、図表の題目を太極・八卦展開図としているが、このような図表では、太極と陰陽以降とがそれぞれ別個のふたつという誤ったイメージを与えかねない。そこで、本稿では太極と八卦の「二而不二」の関係のうち「不二」の面を強調するために「太極・八卦関係図」として、太極が八卦を包み込む配置にしてある。勿論、八卦とそれの組み合わせによる六十四卦は、易繋辞伝がいうところの器であり、森羅万象、事々物々の側（形而下）、即ち現象である。なお易占では手順がさらに細かくなり、爻を定めるところまで手順は進む。一方、気学は九星の象意（現象）から即座にその状況を導き出す。例えば方位が絡んだ鑑定は、その方位に回座する九星の象意から、その方位の象意を選び出すという極めてシンプルな手順である。このため、様々な状況に判断を対応させるために、従来の気学では、ひとつの星がもつ象意の種類は人象からはじまって動物や植物に至るまで極めて多く、その結果、安易な象意気学となってしまい漫画的な「占い」におとしめることになる。

⑾伏犠八卦方位図、文王八卦方位図、先天定位盤、後天定位盤については、『気学の初歩から哲理まで』（191～199頁）参照。

⑿気学よりも先だって「太一九宮法」というものがある。これらが変遷していき奇門遁甲という方位の吉凶の占技として現在まで受け継がれている。ただ、気学の九星と同様の遁行順ではあるが、九星は奇門遁甲においては九宮星、あるいは紫白星などと呼称されており、気学におけるようには重視されておらず（五黄土星も、暗

剣殺もただ大凶とされるだけ）、中宮の意味と意義についても詳細な解釈はない。また、現在の奇門遁甲のいずれの解説書でも、五黄土星や中宮ついての意味は注目されていない。奇門遁甲は気学よりも占術のプロセスが複雑なところから、論理的に複雑な運命論（占術）を有り難がる人もいるが、論理的に複雑になればなるほど、その思想的基盤である気のリアルな作用から遊離していくことを知らなければならない。この意味で、奇門遁甲は理論好きの占術マニアの玩具にしか思えない。要するに論理の精緻さを競い、それを衒う結果、占術としての弾力性が失われているように思う。従って市販本の解説書は多数あるが、いずれも推薦できるものはない。学術的な資料としては「奇門遁甲の基礎的研究」（猪野毅　北海道大学大学院 文学研究科研究論集 第10号）がすぐれている。

⒀気学における象意の真義については、拙著『気学の初歩から哲理まで』所収「特別編　九星の象意」の「象意の真実」の項でふれておいたが、ここで一歩進めて言えば、五黄土星の象意は他の星とは、その趣旨が異なることを指摘しておきたい。通常、五黄土星の象意も、他の星と同様に列挙されているが、本論で述べているように、五黄土星は一面では無形であり、他の一面は九星に集約される森羅万象の生成枯死の現象ということである。ここで注意すべきは、五黄土星の気の作用とその結果の現象との区別である。この点について園田氏は「一般鑑定上に持ちうるに、何事に限らず古い物は五黄であるとして、之を運用して来ているが、其の品物の腐敗を指すのであるから、此の点を能く理解せられたい。自然に腐敗して往く物品、其の物を指して言うのではなく、物品其の物を腐敗せしむると云う天地の理気を指して、之を五黄土星と謂うのであるから、萬物を腐敗せしむる天地間の精神が、五黄土星の本体である事を知るべき必要がある。」（『方象講義録 五黄土星篇』（19頁）と指摘しており、彼は著書の様々な箇所で同様の見解を披瀝している。但し、このような園田氏の言葉からわ

かるように、彼の言葉は五黄土星の象意面にのみとらわれて、作用面を見落とすことがないよう指摘するところに力点がおかれていること、吉凶善悪の両面のうち凶悪の面に力点がおかれていることに問題が残されている。

⒁象意の成り立ちについては、拙著『気学の初歩から哲理まで』所収の「象意の真実」で論じているので、参照されたい。なお、気学における象意にまつわる問題については、すでに佐藤六龍氏が『方位学の真髄』（佐藤六龍著　香草社）を著し、その中で従来の気学者がいう象意について厳しく批判している。例えば、本命星、月命星にその人の九星の象意（佐藤氏の表現によれば、宿命的象意）を見ようとするのは間違いであると述べている。というのも「気学には、人間の宿命面を意味する命」の意味はないとして、「一白本命星生まれが色好みなのではない、一白星方位を使用した者が色好みになる」（353頁）と述べている。しかし、園田氏の『氣學大全』（下巻　57~93頁）では、「一白を本命とする人は、親に縁が薄い、故郷を捨てゝ他郷に出ると云うことになっている」（60頁）、あるいは「二黒を本命とする人は、従順な性質をもつ、己れを捨てゝ他人のために尽くすと云う美点を持っている。」（64頁）というように一白水星を本命とする人から九紫火星を本命とする人まで、人の象意（気質）を述べているのである。佐藤氏は園田氏のこのような見解を知らなかったのであろうか。しかも、他方では佐藤氏自身、「移動ではないのですから、吉方凶方に関係なく、九星の象意の人物があらわれます。」（140頁）と述べていたり「本命星が二黒星の人で、肉づきのよい人は発展力のある人です。」（156頁）と本命星と宿命的象意とを結びつけている。また佐藤氏は人の本命星に象意をみることが誤りであるという決定的理由として、学校で同じ学年の生徒は同じ生年であるから、本命星も同じということになるが、だからといってその学年の生徒はすべて同じ境遇、同じ気質ではないことは明らかであるところからみても、本命星で人の宿命象意をみること、それは「気学の本命星の象意のバカさかげんがわかると思います。」（348~

350頁）として厳しく批判を展開している（348頁）。しかし、このような佐藤氏の批判は本命星とその九星の象意とを固定的、短絡的に結びつけているからであって、この種の批判は象意の意味と成り立ちを本命星と気質の関係から理解していない初歩的批判にしばしば見られるものである。次に、佐藤氏によれば、象意は方位を使うことによってのみ成り立つ、と断定している。但し、例えば日盤や刻盤でたんに一白水星の方位へ行ったから男女のデートに出会わせたり、たんに二黒土星の方位へ行ったからといって二黒土星の象意である老婆に遭う、と判断するのは誤りであるという。そして、佐藤氏は「象意というものは、方位使用者とその使用方位とに何らかの関連があって、始めて九星方位の象意が出てくるものなのです。」（333頁）と述べている。しかし、この佐藤氏の見解で問題なのは「何らかの関連があって」という条件では曖昧で、これでは象意と判断できるのかどうか分からない場合がある。例えば、佐藤氏が挙げているのは、「一白星方位に行って色事の現場に出あった場合、それらの男女いずれかが方位使用者の知り合いだったときこそ、一白星の色情象意に出あったというべきです。」（333頁）というのであるが、この場合の「知り合い」という条件が、どの程度ならば「知り合いなのか」の判断の範囲が広すぎてあまり実用的ではない。例えば、「名前は知らないが挨拶を交わす間柄」あるいは「名前も顔も知っているが挨拶はしたことがない」という場合は「知り合い」と考えてよいのか「知り合いではない」のか、結局、「何らかの関連」とは、佐藤氏にとっての個人的感覚、人間観の範囲でのことであって、このような設定では、佐藤氏以外の人にとって見聞した状況が象意であるのか、象意ではないのかの判断が難しい。あるいはまた、「間違った方位高揚法」という章の中で「四緑方位へ行って四緑木星の長い物のうどん・ソバを食する（中略）これは方位効果を高めることには、絶対にならないのです」（341頁）とし、この様なことが方位がもつ象意の効果を高める方法と考えるのは誤りであると佐藤氏はいう。しかし、佐藤氏自身この書の中で「（六白）を吉方として使用した場合は、「よく動くことをモットウにしていそがしく働きますと、六白の方徳が、早くより効果的に出てきます」（２５７頁）と述べていて「方位高揚法」で批判したのと同類の例を逆に推奨しているのである。

以上、佐藤氏の説をみてきたが、最後に気学の重要な問題である五黄土星についての佐藤氏の見解にふれておきたい。五黄土星について佐藤氏は一方的にネガティブな作用しかみていない。即ち「五黄星は腐敗作用・自壊作用・自滅作用を司る星です」（２２９頁）「有形無形をとわず腐敗を生じる働きです。この生じるというのは、わるい事象を生じる意です」（２３０頁）と断言している。しかし佐藤氏の五黄土星についてのこのような見解には問題が含まれている。そのひとつを言えば、もし五黄土星の作用が腐敗、自壊、自滅だけであるならば、新しい季節の気によって、次の季節へと移り変わらせる四季の土用にイメージされる作用を、どのように説明するのであろうか。また、佐藤氏によれば、気学の後天定位盤の中宮には腐敗、自壊、自滅の気が配置されているということになるのであろうか、人間を中心とした現象世界の在り方を示す後天定位盤の中核である中宮がこのような作用であるならば、人間というものは一切の凶作用のもとに生きているということであろうか。園田氏は「土に根ざして万物は生まれ、伸び育っていく、これは土の力即ち五黄の力である。若し五黄を殺すだけの力とするならば、この全地上に棲むものは、全部五黄の上に居るのであるから、悉く尅殺されて地上の生物と云うものは無くなる道理である。」（『氣學大全 下巻』75頁）と述べている。佐藤氏は園田氏のこのような見解に対して可非の評価をしてから、五黄土星は腐敗、自壊、自滅であるという自分の見解を披瀝するのが望ましいのではないか。佐藤氏の気学、象意論にはまだ疑問が残されているが、要するに象意を理解するために最も重要なこと、即ち、「気とは何か」「象意とは何か」「気と象意と人間の認識はどのように関わっているのか」という互いの結びつきに対する視点が充分ではないところに原因があるのではないだろうか。そもそも「気とは何か」について気の思想を振り返えることは必須である。そのような視点のないまま象意と方位を直接的に関連づけたり、人間の気質（佐藤氏の言葉では宿命的象意）には象意はなく、「使う方位によってのみ象意がある」という持論を展開したため、自己矛盾に陥ることになってしまったと思われる。

# 第Ⅲ章　気学との出会い

# 私と気学との出会い

―土用の思い出と共に―

常任幹事　岩田　渓聖

私が初めて気学に出会ったのは、元々母が聖法氣學會で受講をしていたからでした。まだ学生だった私は友人と旅行に行く時に、母からそっちの方には行ってはいけない。行くならこちらの方位にしなさいと言われ良く理解をしていなかったのですが、それが気学にふれる最初だったかと思います。ある時に、実家の裏手にある水道管を工事する事になりました。土用の期間が明ける辺りに工事があるという事で、母は必ず何月何日以降に着工して下さい、と伝えていたのですが、ちょうど所用で家を空けている時に水道業者が勝手に作業を始めてしまいました。帰宅した時には、すっかり掘り起こされてしまった後でした。業者に理由を聞いたところ一つ前の現場が早く終わったので、無許可で前倒ししたとのことでした。そしてその後に父の胃癌が発見されました。母から電話で「お父さん、癌が見つかった」と言われた衝撃は今もハッキリと覚えています。それほどに土用とは怖いものなのだと学びました。その後、銀座教室基礎科、応用科・北千住総合科等を何年も受講し、とくに五黄土星の重要性を知って行きました。

さて、九星気学の中で、五黄土星の具体的な作用の一つである土用はどのように捉えられているのでしょうか。「土は生殺の二道を司る」「五黄土星は生殺消長を主り、中央は万物を支配する」という作用が季節の区切り毎にあらわれるのが土用です。「土用は土の働きを云う、春、夏、秋、冬、四季の変化が行われる。」といわれます。土星は二黒土星、五黄土星、八白土星の三つの星がありますが、その中で五黄土星が後天定位盤で中央に回座をしていて万物の生成枯死の代表と言えます。また、二黒土星は卦象が坤、正象が地、八白土星は卦象が艮、正象が山、ですので定まった形、作用があるのに対して、五黄土星には卦象がなく、作用を専らにするので「働き」「作用」と云う事になります。ただ日常生活の注意事項として、土用の時期に動土（土いじり）して、五黄土星の腐敗の気を身に取り込むことが厳禁とされているのです。

ご存じのように土用は暦の雑節の一つで四季（春・夏・秋・冬）それぞれの間に位置します。特には七月の土用が「夏の土用」として広く知られていますが、暦学の雑節としても「四季の土用」はすべて五黄土星の生死を司るという両面の一面である事物を滅っする面が強く意識されての注意期間となります。参考までに土用の期間の目安を書きますと次のようになります。

春の土用：四月十七日頃～五月四日頃、夏の土用：七月十七日頃～八月六日頃、秋の土用：十月十七日頃～十一月六日頃、冬の土用：一月十七日頃～二月三日頃、これらの土用は、それぞれ約十八日間続き、土用が終了した翌日は、それぞれ立春・立夏・立秋・立冬になり、これらを「四立十八天」ともいいます。

この動土（土いじり）に関してですが、厳密には、自分の敷地内の土地が対象になり、土を掘り起こす配管工事、基礎を土に埋める建築工事等の土を掘り起こす土に触れる行為が激しい変化作用の気を体内に吸い込むので、体調に影響を与えます。土用中の工事が変更できない場合は、土用が始まる前にあらかじめ敷地内の土を動土しておきます。

ところで気学とは離れますが、夏の土用期間中に行われる行事に焙烙灸（ほうろくきゅう）という行事があります。

立秋前の土用中の丑の日に焙烙を頭の上に乗せ、その上にお灸を乗せてご祈祷を受ける行事で主に日蓮宗でよく行われている行事です。体験した方からは、すごく熱い・痛い・終わった後にはスッキリとしたという話をよく聞きます。これにはいくつかのポイントがあり、一つはお灸・ツボの要素でお灸を当てる位置は「百会」（ひゃくえ）という位置があります。「百会」は、頭のてっぺんにあるツボです。左右の耳孔を結んだ線と頭の正中を通る線との交点に取ります。「百会」の「百」

は多種、多様などの意、「会」は交わるという意、「百会」は多くの経絡が交わるところにあるツボで、多様な効果が期待できる重要なツボです。頭部の痛み、重だるさ、頭の芯がボーッとするといった精神的な不定愁訴に効果的なツボといわれています。また、耳鳴、めまい、鼻づまりなど頭顔部の症状にも効果的です。さらには精神的ストレスによる不眠や痔核にも用います。頭でお尻の病気を治療する、これは経絡を介した効果によるものです。

もう一つのポイントは時期です。立秋前の土用の丑の日といえば七月の後半が主な時期になります。恐らく、梅雨が明け夏も中盤に差し掛かり体がダルくなってくる最初の時期ですから現代でいえば更にクーラーの冷えとの温度差が体への負担になってきます。こういった時期に外面からは百会のツボを刺激するお灸と、仏教的作法との内外から良い刺激、良い〝気〟を取り込もうとする考え方と言えるでしょう。このツボをお灸で刺激する事の由来になったのは日蓮聖人と武田信玄と言われています。というのも日蓮聖人が修行をする僧侶のために始めたとも言われており、暑気払いや頭痛封じ、中風封じの祈祷として有名になりました。また、炎天下で暑さ負けした武将（武田信玄）が、カブトの上から灸をすえたところ、たちどころに全快したのが、「ほうろく灸」という伝統行事になったとも伝えられています。

以上、気学の五黄土星の話が私達の日常生活に深く根付いている土用をきっかけにして横道に逸れてしまいましたが、いくつかのお話を紹介致しました。私は仏道に身を置いていますが、気学の説く「気」については深い関心を持っています。今後も仏道に身をおきつつ気学を学んでいきたいと思っています。

# いまに続く、永遠の日

港区在住　額賀 三絵子

私と長女りえとの間に悪夢のような出来事が起きたのは、昭和四十八（一九七三）年九月十七日の午後でした。私は生を受けて、これほど残酷な仕打ちを受けたことはありませんでした。ちょうどその日は、りえに次ぐ第二子の出産予定日を四日後に控えていたため、最後の定期検診に行きました。診察を終え、家の前までりえとタクシーで帰って来た時でした。先にタクシーを降りたりえは、私がタクシーを降り切らない内に一人で道路を横切ろうとしていたのです。その時、無残にも、向かい側から走ってきた大きな清掃車と出合いがしらにぶつかってしまったのです。「りえちゃん、りえちゃん、りえちゃん！」りえを抱き抱えながら私は叫び続けました。路上に投げ飛ばされたりえの小さな顔がみるみるうちに真っ赤な血で染められていきました。その時、私の身体の機能の全てが停止してしまったように感じました。四時間にわたる手術の後、夫に付き添ってもらい、こわごわ病室に入ると、頭いっぱいにまかれた白い包帯、酸素吸入、リンゲルなどに囲まれ必死に闘っているりえの姿がありました。生きているりえに会えたのはその光景が最後になってしまいました。

事故のあった翌朝、夫が「双子の子を産むことが大事だから、まず、君は産婦人科に入院してほしい」と、半ば強制的に入院させられ、何とか双子の子どもの出産を果たすことができたのです。この間、夫をはじめ母や妹が入れ代わり立ち代り「りえちゃんは頑張っているから大丈夫」と、（りえが亡くなったことを伏せて）私を励まし続けていたというのが真実です。こうして双子の子が生まれてから十二日間が経って私は退院しました。双子の子を夫と共に一人ずつ抱いて病院から車が家の近くにさしかかり、私はできるならもう一度あの日のことを最初からやり直すことができたら……」と自責の念にかられるのでした。なぜならあの日、りえは三回も、「りえちゃん、行きたくないな」と言っていたのです。何も知らない車は何事も無かったかのように、事故現場と同じ場所に止まりました。私は、一時も早く現場から遠ざかりたいという思いで足早に家の中に入りと同時に、仏壇に白い小さな箱を見て全てを知ることになりました。りえは死んでしまっていたのです。お葬式もすでに終えていました。母が買ってくれた七五三のお祝いの晴れ着を着て、薄化粧をしたりえちゃんはお人形さんのように可愛かったと聞かされました。しかし、不思議なことにりえが死んだという実感がなく、事故の生々しい記憶だけが鮮明に焼きつき、幻想の中にいるように意識はぼんやりしていました。そんな虚脱状態にありましたが、生まれたばかりの二人の子を育てて行かなければならないという思いだけが私を支えていました。

りえを産み、暮らしていた静岡県から千葉県松戸市五香に越して来たのは、昭和四十六年十月四日。当時新聞社勤務だった夫、福志郎の東京転勤のためです。この転居は後に分かったことですが五黄殺方位への転居だったのです。りえの身に五黄殺の意味する通りのことが起こってしまったのです。ごみ収集車と激突し、死に至るという最悪の事態を迎えることになってしまいました（激突、自滅）。私はつらく悲しい後悔の念にさいなまれる毎日が続きました。方位を犯す怖さを知り、それからは何か事を始める前に方位を確認する習慣が身についていったように思います。また、聖法氣學會との出会いは、夫の仕事上の事に関連し、私の友人を通して当時の宮田芳明先生が吉方の御神砂を贈っていただいたことから同会に入会することになったというご縁もあります。

思い返しますと、松田統聖名誉会長様や伊藤聖優雨会長様はじめ役員の皆様と初めてお会いしたのは、日光の二荒山神社でした。

奇しくも、平成二十七年十月二十四日、吉方位を常に意識するようになっていた私は、前日から日光に宿泊しておりました。吉方位の神社様ということで二荒山神社にお詣りの為、娘と出向きました。すると大勢の方々がバスで来られたり、自家用車で来られたりで大変な賑わいでした。それは、なんと聖法氣學會主催の御神砂とりに参加された皆様だったのです。あまりの偶然に驚くばかりでした。その時、すでに私も会員でしたが、会報を確認せずに二荒山神社に向かっていた為、まさか、日光という地で皆様とお会いする事など思ってもいなかったことです。その日、当時会長でいらした松田統聖先生と、現会長の伊藤聖優雨先生にお会いしご挨拶をさせていただきました。両先生とも大変喜んでくださいまして、どうぞ、たくさんご神砂を戴いて下さいと言われました。二荒山神社様には御神砂は常設されておりませんが、聖法氣學會の為に、立派な注連縄が張られ、黒々としたお砂が本堂脇に山型にきれいに盛られておりました。お聞きしたところによると、地元の会員様のご協力を頂いて職人さんを頼み山から掘り出してもらった土を二荒山神社に運ばれたそうです。ここに至るまでの神社様との様々なご折衝のご苦労の末、お砂のご手配にあずかったことをうかがいました。一方でそのご苦労を微塵も感じさせない当日の幹事様達の清々しい笑顔と、てきぱきとした動きに、聖法氣學會の会員様を思う強い気持ちと、大らかな力を感じたものでした。私はその日のご神砂、北方二黒土星の強い気をもらいながら、初めて体験する聖法氣學會の御神砂とりに感激し、帰路についたことが印象に残っています。

私は長女のりえを交通事故で亡くした際、りえについて全てを書き留めたのが「永遠の日」という本です。りえの後に恵まれた三人の娘も、お陰様で元気に穏やかな日々を送っています。

これもやはりどん底にあった家族の中で私を支え、子どもを守り希望を持てる日常を取り戻してくれたのは、夫福志郎だったと思っています。夫もこういう経験を生かして今は政治家としていさかでも国民のためになる事を目指して頑張っております。

私は、これからも気学を学んだことを糧に皆様とのご縁を大切に、日々新たに毎日を前向きに元気で楽しく精進して参りたいと思っております。

感謝

# 気学を学ぶ楽しさ

川崎市在住　石田 真澄

世の中には、まだあまり知られていない気学というと、宗教や占いと勘違いされる方もいるようですが、古来中国から伝わり、地球の自転と気の流れの関係性を研究、記録したものが気学の学問と心得ております。しかし、気の流れは、目に見えるものではないので伝承していくことは、なかなか難しいことと思います。

数年前に猿田神社に御神砂取りに伺ったときも、宮司様のお話しで「気学の会は、昭和三十～四十年代は六十もの会がありましたが、今日まで続いているのは聖法気學會だけです」と、仰っておられました。

会の諸先生方の気学を学問として伝承していく熱い思いが感じられます。

私と気学との出会いは、父からの勧めでした。父は二十四歳で起業し、製造業を立ち上げました。七年前の平成二十八年に八十七歳で亡くなりましたが、会社は二代目（主人）に引き継がれ、お陰様で今日まで順調に続いています。

父はまだ若いころ、気学に詳しい方からの忠告を無視し、方災を犯し失敗した苦い経験から気学を勉強するようになったそうです。その後、亡くなるまで大きな決断の時は、いつも気学に沿って行動していました。

私は学生のころ、父が良く庭にお砂をまいている姿を見ていました。また、ある時突然、庭の鹿威しの水場をセメントで埋めてしまい、母と喧嘩をしている様子を見たこともありました。何かの意味があったのだと思います。また、私が嫁いで実家を離れた後も、私の家に来て黙ってお砂まきをしていたことがありました。当時は何をしているのか、興味もありませんでしたが今は方災除けをしていてくれたのだと感慨深い気持ちになります。

気学の講義を受け始めたころは、（十五、六年前になります）いきなり父と同じ上級講座を受けたので何が何だか全く理解出来ませんでした。けれども基礎科から応用科までが開設され、基礎科を何度も受講するうち、難しいながらも、少しずつ理解でき興味が湧いてきました。

自分が生まれた瞬間に吸った「気」で本命星が決まり、その本命星により、気質や開運方位が導き出せるのも不思議で楽しいですが、授業の中で余談で話して下さる気学にまつわるお話が、もっと、もっと気学を深く知りたいと思うきっかけにもなっています。ある先生は「気学は教養講座だと思っています」と仰ることが頷けます。

例えば、豆知識のご紹介になりますが、徳川家康は当時から気の力を信じ、それを秘匿とし、戦の戦法に使っていました。また遺言として、自分の埋葬場所は、栃木県日光市とすることなど命じていました。徳川家康の下で江戸幕府の法律の立案・外交・宗教統制を一手に引き受け、江戸時代の礎を作ったとされる金地院崇伝（こんちいん すうでん）という人物がいますが、その日記である『本光国師日記』には「遺体は久能山に納め、一周忌が過ぎたならば、日光山に小さな堂を建てて勧請し、神として祀ること。そして、八州の鎮守となろう」と残されています。家康が目指した「八州の鎮守」とは、日本全土の平和の守り神を意味しています。家康は、不動の北辰（北極星）の位置から徳川幕府の安泰と日本の恒久平和を守ろうとしたと伝えられています。また、御殿場の地名の由来は、徳川家康のための御殿が建てられたことによるとされていますが、家康本人は完成と前後して亡くなっており、遺体の一時安置に使用されただけのようです。

ところで日光東照宮の表参道を延長していくと東京の寛永寺の旧本堂（根本中堂）につながっていたそうです。なぜなら、祀られている日光東照宮は、当時の江戸からみて真北にあり、気学に基づいて建てられています。気学の後天定位盤でみると、北の方位には九星の一白水星が回座しています。その星の象意は孕む、生む、再生、親愛などがあり、その意味するものを知っていてのことでしょう。徳川家の平和と永遠の繁栄を願ったとされています。それには家康の側に仕えていた天海僧正の進言があってのことです。なぜなら、天海僧正は気学に精通していたからです。さらに、徳川家康、秀忠、家光公の三代にわたる将軍に仕えた天海大僧正は、徳川幕府の安泰と万民の平安を祈願するため、江戸城の鬼門（東北）にあたる上野に寛永寺を建立しました。しかし、幕末の戊辰戦争で、寛永寺の境内に彰義隊がたてこもり、戦場となった寛永寺は官軍の放った火によって残念ながら境内の根本中堂は焼けてしまいました。（※一八八五年に再建されています。）

また節分の時期になると「今年は○○の方角を向いて恵方巻を食べましょう」と、テレビで宣伝していますが、恵方巻は、その年の十干の陽干方位を見るなど、自分で方角を出せたときの喜び、また、新年に書店に置かれる、その年の運勢暦なども参考に手に取ったりしても、気学を勉強したお蔭で内容が簡単に読めるようになったことは自分の中で自慢です。

九星・十干・十二支……森羅万象を植物の生成化育から紐解く気学は、四季を大切にし、自然万物に神々が宿ると考えた宇宙観、死生観など、日本人の生活の中にもともと溶け込んだものと思いました。

会報誌のコラムやQ＆Aもためになり知識が身に付きます。気学は奥が深く、いつまで経っても完全な習得は出来ませんが、今後も勉強を続けてまいりたいと思っております。

# 気学で人生を振り返る

## ― 気学による自分史の勧め ―

常任幹事　作道 潤聖

私は教室で生徒さんによくお伝えすることの一つに、自分の人生を気学で振り返ることをお話しています。言わば気学による自分史です。移転、結婚、リフォーム、旅行など自分の人生の節目節目の年盤、月盤はどうだったのか、運気と方位を確認する、さらに、出会った人の気質と自分の気質、詳しく分かるときは月命盤でみます。松田統聖名誉会長が「気学は（自分の人生を）納得するための学問」と講義の中で話していたことに深く共感したことを覚えています。自分の通って来た道はどうだったのかを気学で紐解くことを意識し始めました。以来、私は、「過去には戻れない。あの時こうすれば良かったということではなく、いま生きているのだから、自身の人生を認めよう、納得しよう、何も否定することはない」と自分なりに解釈しています。人生は「後悔しても過ぎたことは取り戻せない、生きていることを肯定しなければいけない。そういうものだ」と理解しています。

私の本命星は二黒土星、月命星は一白水星、傾斜は乾宮傾斜（六白金星）、月命三合は一白水星、蔵気は六白金星です。人生を振り返ると、その行動のベースは二黒土星の受容、順う、致役、地道であり、一白水星の熟慮、忍耐、悩みであり、傾斜と蔵気の六白金星は闘い、忙しく働き、指導するという歩みがありました。さて、皆さんにはこの九星構造をみてどのような人間に映るのでしょうか。私のこれまでの人生を振り返り気学からみるとどうだろう、というところから執筆を始めてみました。自分の人生を語ることなどは、一介の凡人にとっては本当に大変恥ずかしく、また大それたことではありますが。大変申し訳なく思いながら書いてみました。人生の節目に、どのような方位に動き、どのような運気を経て、さらに、星の象意、気質が出現しているのかを辿りました。的外れと感じた場合は、あくまでも個人的な理解ということでご容赦いただければと思います。

私が初めて気学と出会ったのは結婚した年、新居を構える時に行った「方替え」でした。特に反対することもなく、「良いことだから」と義父に言われるままに移転し、移転先で四十五日以上居住した後に現在の住居に移転しました。何も疑わずに動いたのは、従順に受け入れる、素直に捉えて行動する二黒土星の気質を物語っていると思います。

次は猿田神社の御神砂とりです。初めての御神砂とり体験は突然でした。確か三十四歳頃です。

義父の車に乗り連れて行かれました。移動中に特に詳しい説明はなく、どこに何をしに行くのかも分りませんでした。「良いことだから」との一言が利いています。この日は雨で足もとが悪い中の御神砂とりでした。多くの人が雨の中、山中の砂をとり袋に入れている。気温は低く寒さも感じていました。こんな世界があるんだなあと不思議な感覚を持ちました。ほかに何をどのようにしたかはほぼ記憶にありません。また、その日のことを深く聞いたり、何故お砂を持ち帰り、どのように使うのかなどを質問することもありませんでした。軽いカルチャーショックを受けたことは確かです。とにかく、「良いことだから」をそのまま受け入れていました。

それから二十年後、五十四歳頃でしょうか。義父から、「読んでみなさい」と渡されたのが『気学の基礎』（松田統聖著）でした。しばらくして、金町で気学の会が行われ、参加を勧められ出席しました。初めて気学の話を聞くことになりました。確か、十二支の話が出て、「動物ではなく、植物の盛衰を表わしたものです」と自然と気学のつながりが紹介されました。本命星による人の気質の違いがあることに、そんな見方があるんだなあとまたまた感心していました。気学についての話を聞き、『気学の基礎』を読み始めていましたので、少しずつ輪郭が見えてきました。しかし、五十歳代は会社勤務で、ハードな毎日を送っていましたので、気学に真剣に向き合う気持ちにはなりませんでした。日々の業務に追われ、終電を逃してタクシーで帰宅することも多く、気持ちの余裕が全くない心身ともに重い時期でした。「陰と陽」に例えれば、「陰」です。もっと分かりやすく表わすと「明と暗」。「暗」の時期です。やがて無理がたたり職場で倒れて救急車で運ばれるようなことが二度ほど起こりました。しばらく会社を休んだこともありました。同じ時期、私には私の母、妻の両親の三人の後期高齢者がいて、病院通い、買い物、その他様々な対応を私がしていました。身動きできず、気の休まる時がありません。感覚のない日々が続いていました。さすがに、仕事と高齢者三名をサポートすることは難しいと判断し、定年よりも少し早く退職することになりました。二〇一一（平成二十三）年、辛卯七赤金星中宮の年です。私の本命星、二黒土星は離宮に回座し、衰運の第四期でした。今思えば良い決断だったと思っています。なぜなら、退職していなければ、当時の状況にがんじがらめになり、心身の落ち込みが激しい状態のまま坎宮に入ったらどうなったことかと、今でも冷静に振り返ることができるからです。恐らく、私の人生最大の危機だったかも知れません。違う見方をすれば、三人の高齢者がいたからこそ、退職という決断をして危機を脱することができたともいえます。そう考えると自然と母、義父、義母の三人には感謝の気持ちが湧いてきます。

やがて、義父の足腰が弱り始めたため、通院や買い物だけではなく、気学の相談相手の会社やお宅への移動も私が運転して行くことが増えて来ました。同席して気学の話を聞く機会も増え、「凶方」、「お砂とり」、「運気」、「星」等々そこで使われる気学の言葉が次第に耳慣れし、頭に入ってくるようになりました。こうして、私はいつの間にか気学の道に入っていきました。それでは冒頭に掲げた「気学で人生を振り返る」を私の人生の中のトピックを交えながら移転や運気を振り返ってみたいと思います。

一九七一（昭和四十六）年、辛亥二黒土星年、生れてから高校卒業までを過ごした山梨県の片田舎から大学進学のため東京都杉並区のアパートに移転しました。東方位には九紫火星が回座、二黒土星にとっては相生の星でした。バイトと読書の学生生活でした。四年後の一九七五（昭和五十）年、乙卯七赤金星の年、本命星の二黒土星は離宮に回座。流通関連企業に就職、一ヶ月の研修を経て長野県の松本営業所に赴任しました。松本はそれまで住んでいた杉並区の住所からは西北の方位。年盤には八白土星が回座、相生の方位でした。営業職として長野県に行くことになったと母に伝えた時、返ってきた言葉は、「営業なんてできるの？」でした。母は静か、大人しいという性格な子、と感じていたので、社交性を必要とし、さらに、売り上げを追求する営業職が通用するのかという心配があったのかも知れません。四年間の都会生活から長野の自然の中へ。安曇野、穂高、白馬、諏訪、飯山、小諸、軽井沢など、都会の喧噪とはかけ離れた静けさには心洗われる感覚がありました。ですから売上計画を達成するという目標はありましたが営業職は意外と伸び伸びと動くことができました。やはり大自然に触れられたことが大きかったと思います。六年後の一九八一（昭和五十六）年、辛酉一白水星年、二黒土星は乾宮に回座、衰運の第一期に入っています。移転方位は東京都世田谷区、巽方位には九紫火星、相生の星が回座しています。営業職から本社スタッフに異動し、広報部（後に宣伝部）に赴任しました。小売業の管理職向けの情報誌の編集、会社内外への広報業務を担当しました。流通業界知識、会社の現状と今後の計画等々、幅広い知識が必要となります。マスコミとの交流（業界紙誌、一般日刊紙、日本経済新聞社の経済部記者とのお付き合い）はもちろんのこと、社内の人脈も必要となります。会社の動きを正しく理解していただき、好意的な記事にしていただく（少なくとも悪い記事にはされない）ように対応していくわけです。飲食の機会も多く、深夜の帰宅も度々です。自身としては社内だけの狭い世界だけではなく、外部の交流は大変刺激になるとともに世の中の視野を広げる良い機会に恵まれたと思っています。この時の上司は本命星は七赤金星、月命星は六白金星、乾傾斜、月命三合は七赤金星、蔵気は二黒土星。冷静な視点と優れた交渉力と決断力をもつ人でした。マスコミとの付き合い方、社内の他の部署との付き合い方をよく指導していただきました。今振り返ると本社に赴任した衰運期の五年間は若さで乗り切ったと言える時期でした。編集は主な業務でしたが、特に執筆が得意だったわけではありません。

原稿は何度も書き直し、伝えたいことは何かという一点に絞られて指導を受けました。取材先は流通企業の店長やマネージャなどの管理職クラス、時には企業トップと会うこともありました。常に相手は初対面です。緊張するあまり胃が痛くなることが多かったと思います。とにかく的を外さず聞くこと、これに尽きました。場数を踏んで鍛えられたというのが実感です。二黒の堅実さ、粘り強さ、一白の熟慮、六白のひるまない姿勢など、今振り返ると（美化し過ぎですが）、星の気質がよく出ていたと思います。

広報部、宣伝部を経てやがて異動の時期を迎えます。上司から今後の進路を聞かれた時、（正直、少しゆっくりしたい気持ちがありましたので）経理などの事務業務がしたいと話しました。ところが、その上司は「いままで戦ってきた人間が内勤業務などは無理だよ」と一笑に付されました。それに「相手のいるスポーツをする人はある意味戦う人なわけで、事務職などは退屈で耐えられなくなる」と持論をぶつけられました。当時私は本社に赴任以来、会社のテニスサークルに入り、練習や合宿のアレンジ、会報まで発行するなど、（サークルの）会長を補佐する立場で活動していました。そのことを上司は分かっていて、退屈な業務ではなく、社内のコネクションを活かして仕事をしてほしい、とも言われました。その後、全国の事業所の課題を分析し改善を図ることを主眼とした、経営計画を担う部署に配属されました。営業職での活動や（ほとんど年上ばかりの）管理職研修、広報セクションでの取材、テニスサークルの活動で、いつの間にか本社及び全国の事業所の管理職クラスと顔馴染みになり、難しい課題も柔らかくあたることができるようになりました。

私の人生の視野を広げた出来事は、関連企業であるコンサルティング会社に異動して間もない頃、約一ヶ月に及ぶアメリカでの研修でした。四十二歳の時です。当時勤務していた会社はニューヨークに現地法人を置き、不動産経営、小売流通分野の情報収集、日本の流通業界を対象としたアメリカ小売業界の先進企業セミナー（当時成長著しいウォールマートやユニークなスーパー経営で知られるスチューレオナルドなどを現地視察）の事業を展開していました。アメリカ法人の社長が私が所属する日本法人の部門、流通業界向けのコンサルティング会社のトップであり、私と同僚の二人に声がかかり、アメリカでの四週間の研修に参加することになりました。研修の場はアメリカ法人が経営するホテル。研修内容はマネージャ向けの管理職研修（トレーナートレーニング）でした。問題解決やコミュニケーション能力向上を図るものでした。私の同僚はニューヨーク留学経験があり英語はできますが、私はほぼできません。ブロークンイングリッシュがやっとのレベル。英会話を学ぶ時間もなく、未知の世界に放り込まれた感じです。最後は度胸しかないと居直っていました。

アメリカ研修に出発したのは一九九五（平成七）年一月三十日。甲戌六白金星年、三碧木星月です。あの阪神淡路大震災の二週間後でした。方位は北東、年盤では九紫火星、月盤では六白金星が回座し、いずれも凶神はなく、未知の世界への旅は幸運なことに本命星二黒土星にとて相生の方位でした。また、その年の運気は坎宮回座の衰運第五期でしたが、月運では巽に回座していました。研修期間中の英語ヒアリング、プレゼン時のスピーキングには苦労しましたが、幸い日本人のサポート要員がいましたので、何とか乗り切ることができました。それよりも研修の場以外でのアメリカ人とのコミュニケーションは楽しい時間でした。ランチ、ディナーでの歓談の場では数少ない手持ちの単語と手振り身振りのブロークンながらも意思が通じることに変な自信をもつことになりました。二週間のホテルでの缶詰状態の後、ニューヨークに移り、有名流通業の視察、打合せ等を経て、あっという間の四週間の出張が終わりました。その間、休日にはメトロポリタン美術館、MOMA（ニューヨーク近代美術館）などの名所を一人歩き。テレビや映画で見る景色が目の前にある。その時の感動は今も忘れられません。研修での専門的なトレーニング、と異文化に触れた四週間は、本当に貴重な体験となりました。

さらに翌年にはサンフランシスコで行われた行動分析学会に参加しました。世界各国から参加された方々と交流することができ、（わずかな期間ではありますが）すっかりアメリカ慣れした感じです。当時、ビジネス分野に行動心理学の手法「応用行動分析」を取り入れることを目的に、慶應義塾大学の心理学の先生の指導を受けていました。指導を受ける時間は終業後の午後五時半からです。眠い目をこすりながらの受講で頭が回転していたかどうかは疑問です。英語の論文を参加者が割り当てられてその要旨を発表することもありました。この頃はスマートフォンがあるわけでもなく、やっとネット検索が広まった時期で、ＰＣに英字入力をして日本語に翻訳する機能をもつサイトが出始めた頃です。専門分野なので日本語にならない文脈を再構成して、ぎりぎり席に着くということも多かったです。三田校舎の研究室に通い、ビジネスに活かす考え方、手法は間違っていないかなど、様々な指導を受けました。四十路で英語や行動心理学などを学び始めるとは思ってもいませんでした。人生の中で一番勉強したのはいつか？と聞かれることがあれば、一つ目は応用行動分析を学んだこの時期が挙げられます。やはり、会社勤務をしながらの学びは単純に時間が限られているという点であり厳しかったと思います。もう一つは聖法氣學會の講師養成研修時です。『気学の基礎』、『九星の秘密』、基礎科から応用科までのノートを読み込み、講義する、質問に答える知識と応用力をたたき込みました。退職後だったため時間の自由があったことは幸いでした。講義をするということに関しては新入社員研修、管理職研修などの講師経験があったため、特に抵抗はありませんでした。ここまでは私の会社人間の足跡でした。

忙しく過ごしてきた私にも長年続けている地域とのつながりがあります。今年創立四十周年を迎える地元の少年サッカークラブです。仕事のように報酬はありません。純粋なボランティア活動です。やはりここでは人とのつながりが大きいです。長男が小学校二年生の時に地元のサッカークラブに入り、私も土日はできるだけ参加しました。そのうちにお父さんコーチとして子供達をサポートしてくれないかと声がかかりコーチとなりました。子供が卒業後も残り、早いもので二十六年の在籍となりました。この二十年間は低学年の責任者として子供達へのコーチング、クラブの指導方針の保護者への啓蒙、若いお父さんへの指導（育成）、他クラブとの交流などの活動をしています。実は私はサッカー経験がありません。しかし在籍しているうちにジュニアの育成手法を身につけ現在に至っています。気学を学び始めてからは、どうしても自然とお父さんコーチや子供達の本命星、月命星などをみてしまいます。この学年は二黒土星の粘りが出るかな、この学年は四緑だから子供同士がうまくやってくれるかな等々。このクラブへの入会は息子に感謝しているほど、人生の励みになったことは間違いありません。ここでは様々な人々と出会っています。職業も学歴も出身地も異なる人達が「子供の成長」をサポートするために協力し合っています。本当に素晴らしいことだと思います。このクラブは地域の中でもドリブルなどの基本技術に力を入れ、試合の勝ち負けにこだわらず、一人ひとりの個性（技術）を伸ばすことを指導方針としています。楽しむ、巧くなる、自信がつく。そんなイメージです。その子を他のことと比べる相対評価ではなく、その子の成長をみる絶対評価を行ない、その子の行動、技術を見続けます。このような指導は他のクラブとは異彩を放っており、少年サッカークラブにもかかわらず、広域から集まって来ています。

クラブを創設し現在も監督をされている方にはいつもそのエネルギーに感心させられます。この監督の九星の構造は、本命星六白金星、月命星二黒土星、傾斜は離宮傾斜、月命三合は七赤金星、蔵気は四緑木星。長年にわたり、一つの組織を維持運営してきた手腕は、正に六白金星のリーダー星と言われる通りであり、その行動力にはいつも頭が下がります。クラブを引っ張るだけではなく、地域の他クラブやJリーグなどのプロのクラブとの交流、施設運用に於ける役所との交渉、クラブの幹部・コーチの育成など多岐にわたっています。監督がリーダーとしての力を如何なく発揮し、二黒土星の私はその監督をサポートする、星の象意にぴったりとしています。「六白金星と二黒土星」と言えば、「天と地」。自然と先天定位盤が頭に浮かびます。気学の九星、気質を思う度にこの縁は一口で言い表せないほどの重みを感じています。

令和三年は坎宮に回座、九年間の間で最も心身の重さを感じる時です。自分では十分すぎるほど注意していたのですが、十月下旬に痛風の発作を起こしました。左足親指が赤みを帯びて膨らみ何かにわずかに触れても飛び上がるほどの激痛が走ります。二年前に続く三回目の発作でした。人間は弱いところに病変が出ると言われますが、私なりに捉えると、心身が耐えられない状態になった時に現れているという実感があります。坎宮回座で気をつけていたつもりでしたが、「やはり来たか」と観念しました。令和四年は坤宮に回座しようやく盛運の第一期です。しかし、三月十八日の深夜、これまでに経験のない激しい痛みが下腹部にあり、午前一時過ぎ、尋常ではない痛みに迷わず救急病院に向かいました。CT検査と血液検査の結果、即入院となりました。人生初の入院でした。病名は大腸憩室炎です。絶食五日、入院期間九日で炎症数値は下がり、退院することができました。坤宮に回座して一ヶ月あまりです。坎宮からはまだまだ抜け切れていない自身の身体に再び「やはり来たか。油断をしていたわけではないが……」と九星の遁行には緩やかな移行の流れがあることを実感しました。坤宮に回座したからとすぐに衰運気から盛運期に転ずるような急激な変化はないということを、まだまだ腹部に痛みを感じている入院初日のベッドの上で、改めて自分自身に言い聞かせました。いつも我が身に変化が起こる時は、変化が起こる前に防ぎたいと考えることは自然のことです。しかし、人間は予知できるような能力を持っているわけではありません。であれば、年盤、月盤の九星の遁行により、運気を知ることで、誰もが転ばぬ先の杖を持つことができます。運気を知ることは、言わば行動の指針とも言えます。いま、過去の行動（移転方位、運気）

を振り返ることで、その時、方位、運気、象意、気質を学んでいたらどうなったのだろうといったことは考えてもしょうがないことです。過去は振り返りません。ただ、どのように動いたのか、人生の軌跡を「気学的」に辿ることで、これまでの納得しようとしている自分がいることに気がつきます。

気学を学び始めた頃、少し疑問に感じてきたことが二つあります。一つ目は気学そのものではなく、それを解釈する側の問題です。気学を学び始めた頃、よく男女の相性の話を耳にしました。一白水星と九紫火星の人は合わない、火と水だから。五行の相剋のことです。人はそんなに単純ではないのに、気学では五つしかない要素をみて人の相性を観るのかと疑問を抱いた時期がありました、これは授業の中で聞いたのではなく、その後のお茶のみで誰かが言ったその言葉だけを捉えて、私が神経質に聞いてしまったのかも知れません。後に、『実践する気学』（松田統聖、伊藤聖優雨共著）で、人の相性は九星の陰陽、気質、象意など、様々な要素を紐解いて男女の相性をみるという解説を読んで、そうだろうなと納得したり、安心したりしたことを覚えています。

もう一つは気質と性格についてです。気学を学んでいる方だけではないのですが、一般的に、人は人のことを、あの人は明るい人だ、あの人は暗い人だ、気が短い人等々、様々に評します。恐らく、対象の人の側面しか見ていない。それはそれで目の前で見た事実ですから明るく見えれば明るい性格の人と言うことになるでしょう。それは間違っていないと思います。気質はこの世に生を享けた瞬間に肺臓に入った気により、九星が決まる。そのもっている気質は様々。『気学の初歩から哲理まで』（松田統聖・花澤瑛象著）で紹介されている通り、九星の象意（気質）はたくさんあります。誰もが自身の九星の気質をもっているが、行動に表れるかどうかはその人の環境によります。小さい頃は明るく元気な子。明るい性格。でも大人になったら、考え事ばかりをする暗い人、というように、人が育った環境、時代で現れる気質により「性格」とされるわけです。気質が行動に出ないと、言い換えれば、人が見ている場面で現わさない限り、気質は性格にはなり得ないことになります。その意味で気質を出していない人が、明るく振る舞おうと意識（努力）して行動することで、明るい性格の人だ、ということになります。私自身、自分は大人しい、真面目、人から頼まれたら断れない、静かなことが好き、争い事は嫌いといった性格であるなどと漠然と考えていました。本人が言うのだから間違いではないでしょう。しかし、スポーツで戦う姿やジョークを話す場面を見て、明るい、強いと感じる人もいるでしょう。九星の象意を見て思うことは一人の人間は多様な気質をもっているということです。ある場面だけで出現する行動や身近な人が知り得ない行動をする時もあるかも知れません。そんな時、私は気質が出たんだ、気質をもっているからだと理解するようにしています。

学生時代、石川達三の『神坂四郎の犯罪』という小説を読みました。裁判で訴えられた主人公の公判で、証言に立つ証人達は神坂四郎の性格について、それぞれの証人が異なることを証言するのです。本当に多様な面を証言されるのです。主人公の生年月日は記述がないので九星の構造は分かりません。が、十人の人と接すればその十人が違った印象をもつこともあるでしょうし、もちろん同じイメージを持つ場合もあるでしょう。一人の人間が様々に理解される人間の気質は決して一言では語れない、奥深いものがあるのだなと、この本を読んでしばらく頭の中が空っぽになりました。一人の人間に対して周囲の人達は様々な見方で主人公を解釈する。私自身もきっと人を一面で見ることがあり、人も自分のことをある一面でみる。人間というのはそういうものだ、と自分なりの理解をして本を閉じました。ですから、誰もが生を享け時にそれぞれの（九星の）象意をもつ。それが行動して現れると性格と言われる。しかし、気質が出るのはその人が置かれた、または接した環境による、ということであるとつくづく思います。九星には多くの象意があることはとてもよく理解できますし、気質の考え方にはとても納得しています。本命星、月命星、傾斜、月命三合、蔵気により九星構造式が構成されますが、やはり人間は単純な者ではなく、様々な気質を併せ持って生きていると私なりに整理しています。また、自分の気質をみる時、ポジティブにみることが大切だと思っています。自分の行動に一〇〇パーセント自信がある人、迷いが全くない人は必要ないかも知れませんが、私のように一〇〇パーセント自信があるようなことはほぼなく、迷いやすいので、九星構造式の九星の象意をできるだけプラスに捉えて日常を過ごすことが必要であると考えています。それに重い、暗い気持ちで来た相談者には、象意の根拠をもって、明るく帰ってもらうことを心掛けています。気学は九星の構造式や月命盤をみて、マイナスや不安な要素を取り上げることはいつでもできます。しかし、反対にプラスの要素を伝えることで相手を励まし、元気づけることもできます。プラスの方向に向かう手段であることを付け加えておきたいと思います。

長々と書いてしまいました。これまでの私の人生（の一部）を気学（移転の方位、運気、気質）で振り返るとともに、気学についての想いも書いてみました。はじめは十ページくらいで収めるつもりがついつい当時の様々な記憶と想いが膨らんで筆が進んでしまいました。自分自身の事なので書き始めると思いのほか書けてしまうものです。これからも多くの出来事があるでしょう。今回の執筆を機にもう少し詳しく自身の歴史を紐解いてみようと考えています。

生を享けて以来、この世の中には自身ではコントロールできないことがたくさんあります。その都度、本命の気は撓められエネルギーを削がれていきます。その気を支えるため、より気学の知見を深め、祐気どりを欠かさず行いたいと思います。何かが悪いとか、何かが起こるからということは意識せずに、生活の一部として継続していきたいと思います。

「人の吉凶は動より生ず」。その年、その月の気のエネルギーが溢れている、よい方位、よい時期に自ら動くことが、気学の指針であると考えます。

（了）

# 不思議な出会いを繋いで

講師　篠宮絢象

「人との出会いは偶然ではなく、必然的なものなのよ。」と聞いたことがある。良かれ悪しかれ、その人の人生に出会うべくして巡り会っている、ということらしい。

まさに辻村桂象先生との出会いを思う時、素直に頷けてしまう。平成二十年の東京。私は良い髪の毛の染め粉を探していた。ある講習会でのこと。美容師でもある先生が皆さんの前で堂々と手際よく作業する姿に感動をしていました。講習会が終わると、迷いなく「髪の毛の染め方を教えてください。」と図々しく声をかけていました。驚きながらも辻村先生は「いいですけど私の家は松戸なのよ。」と言われました。松戸は初めての場所、知らない道を頑張って車を走らせました。たどり着いた店先にはブーゲンビリアの鉢植えが色鮮やかに咲き誇っており、お庭にはペチュニア・マリーゴールド等の色とりどりの花が季節を主張しているようでした。店内にはオゾンの水がボコボコと音を立て爽やかな空気に迎えられ、中でも目を引いたのが「ライフピンポイント」(注)文末のプリントでした。そこには今月のあなたの運勢が掲載されていました。また社会の情勢による、政治と選挙の問題が取り上げられていて強く関心を持ちました。

また、今月の現象と方位として各九星が丁寧に言葉で明示されていました。会の機関誌「聖法」の一面にその月の吉方位・凶方位の一覧で表示されているものと同じです。辻村先生がそれぞれの角度から方位学の話をされました。私にはさっぱり分からない世界の話を熱弁されたので頷きながら聞いていました。我が家では方位云々は聞いた記憶はありませんが、他所の方からは「今日は南がいい」とか「東がいい」とかは耳にしていましたので辻村先生の魅力的な話術に引き込まれていました。とりあえず、その場で機関誌「聖法」の購読を申し込みました。「ライフピンポイント」は亀有発信だったので、故小松聖承先生が担当していたものと思います。また、その都度とりあげられた記事は、世論で話題になっている虐待問題・環境問題等の取り上げ方とその洞察力は素晴らしいもので感服しました。不思議なことに肝心の毛染めの件はどうしたのか覚えておりません。

平成二十一年九月二十九・三十日。一泊二日の初めてのお砂とりに参加。艮の一白天道。金華山でした。朝七時半に上野公園前集合。木更津からバスで東京駅へ。更に電車で上野駅へと向かいました。一人だったので、遅れないかと心配しながらの行動でした。バスの周りでうろうろしていると辻村先生が見つけてくれたのでほっとしました。何しろ参加しても頼りは先生一人だけだったのですから。バスの中では皆さんがよくしてくださるので、港に着く頃には、修学旅行のように楽しく過ごしていました。船に乗り波に揺られてははしゃぎ、金華山の宿坊までの間に鹿を見つけては、年甲斐もなく大声をだしていました。

実は、私は四十代になって気管支ぜんそくになっていました。それもアレルギーはハウスダストです。家の埃や気圧の関係や疲れが重なると引き起こすことがあります。

就寝になっても眠れず外の風の音を聞きながらうとうとしていたその時です。突然息ができなくなり、飛び起きて、暗闇の中で辻村先生を起こしました。何事が起きたか戸惑っているようでしたが、うまく伝えられず苦しんでいたのですぐに連絡に動いてくださいました。小松聖承先生が様子を見に来てくださった後、鈴木百合子先生と中村朱美先生が交代でマッサージを繰り返ししてくださったので落ち着いてきました。マッサージをされるがままどうすることもできない中で「早く飛行機を頼んで本州の病院へ運んで！　私死んじゃうよー」と心の中で何度も叫んでいました。波が荒そうだったので飛行機しか頭に浮かびませんでしたが、そこは山の上、飛行機が着陸できる場所はなかったのです。このアクシデントから一年半後の東日本大震災で金華山の姿は変わってしまったようです。

朝方、やっと落ち着き眠りに就きました。朝のミーティングは参加せず、そのまま体を休めていました。お砂取りは初めての参加だったのにどんな場所で、どんな方法で行ったのかは知らないまま帰路についたのでした。

あの時、小松先生が鈴木百合子先生と中村朱美先生を起こしてマッサージをお願いしてくださったそうです。また、男の先生方は皆さん背広に着替えていたということも後日お聞きいたしました。初体験といえども本当に人騒がせで申し訳なかったと今でも頭が下ります。大事な命を助けていただいたのですから、いつも感謝の気持ちでいっぱいになります。お砂も長いこと手元におき「金華山」の文字を見るたび思い出していました。

このお騒がせな一件で、篠宮を認識した人の中のお一人が、現会長伊藤聖優雨先生でした。（後日談）赤い糸の繋がりでしょうか。その後、伊藤会長とは木更津教室の件で深く関わっていくことになります。

平成二十二年になるとなぜか木更津教室の話が持ち上がり、諸先生方のご尽力もあり十月に開校となりました。講師は現会長の伊藤聖優雨先生でした。場所は木更津市の新田の公会堂。駐車場がなく遠くから来る人にはご不便をおかけし、いつも申し訳ない気持ちでした。木更津教室には現名誉会長の松田統聖先生、宮田芳明先生、小松聖承先生がお見えになり休憩時間にお話ができたことは嬉しいことでした。その後、新年会やお砂取りでお会いする度に優しくお声をかけていただき穏やかな先生方に安心感と信頼感を持つことができました。

気学の授業は初めて受けたので、理解できるかとても不安でしたが、伊藤先生は教科書を噛み砕いて説明をしてくださったので楽しく授業を受けることが出来ました。基礎科を修了したのは三名でした。先輩の辻村桂象先生は篠宮が心配で時には私共と一緒に机を並べてくれたことに感謝しています。木更津の基礎科二年が終わると東京の応用科コースに参加し、更に気学を深く学ぶ機会を得ることができました。金華山のお砂取りに参加したお仲間からも声をかけて頂いたり、授業後皆様との交流の中で気学のお話が聞けたことも楽しい時間でした。

木更津教室の二年目の春もゆくある日のことです。我が家に一大事が起きました。夫から「ちょっとこっちに来てくれないか」と言われ、急いで居間から日本間に。何事が起きたかと神妙にしていると「俺、肺癌になってしまったよ」と言うではありませんか。内心「えっ?」と思いながら黙って様子を見ていました。夫も私を見ています。何か言わなければと思い、声を出すと「生きたい?　死にたい?」と聞いていました。夫は驚いたようですが、しばらくして、小さな声で「そりゃ、生きたいよ」「では、何も言わず、私の言うとおりにしてくれる?」やはり小さな声で「うん。」と一言。さあ、初めての病院選びの方位を調べました。が、よく分からず、辻村先生のお力をお借りして、その時方位が良いと言われた北の病院をまず探すことから始め、手術を受ける病院も考えて調べました。高速道路の運転は出来なかった私でしたが、夫を乗せて地図を頼りに病院に連れて行くことも出来ました。

余談ですが、普段は威張っている男の人（夫）が意外と弱い面があるということも新発見でした。夫は、おかげさまで今年、卒寿を迎え元気です。方位学で一難を乗り越えられたことに感謝をしています。この後、気学に向き合う心が変化したことは言うまでもありません。古からの気学の教えをどう現代の生活や人生に取り入れるかを考えて、心豊かな後生を過ごしたいと思っています。

また、新年会では、木更津教室として日本舞踊「木更津甚句」等を披露したことや、速水俊江さんが朗々たるお声で詩吟を披露されたこともあり、少しでも会に協力できたならば光栄に思います。

こうして人は人生を歩む中でいろいろな人との関わりが生まれます。その中で、人生において生き方・考え方に何らかの影響を受けています。辻村桂象先生との出会いから、気学が今後のライフワークになるとは夢にも思わなかったことです。

これまでも、そしてこれからも会の諸先生方にお世話になっていくことと思います。感謝の念とこれからの気学実践への決意を心に誓っています。

（注）当会の機関誌『聖法』とは別に故小松聖承相談役が発行していた気学豆知識を掲載したミニコミ誌。長期にわたって会員の皆様に愛読されましたが、現在は発行を終了しております。（編纂委員会）

# 第Ⅳ章　風の会のあゆみ

会長　伊藤 聖優雨

風の会、第一回目は平成二十五年七月七日（日）甲戌八白土星中宮の日。会場は、松戸市五香在住の会員さんが経営するフレンドハウスという多目的ホールでした。当時、会の事すべてを把握されていらした事務局の宮田芳明先生に段取りをご相談しながら準備を進めましたが、講師三年目の私は不安と期待の入り混じった複雑な気持ちで当日を迎えました。なにより、このような会が実現したことが不思議でした。当時会長であった松田統聖名誉会長の後押しがあったことを感謝するばかりです。記念すべき第一回目の「風の会」は、アシスタントの現辻村桂象助教始め大勢の方々のご尽力で大変賑やかな会となりました。しかし、その日どのようなことを出席の皆様にお話しし、どんなことを皆様からお聞きしたのか全く思い出せません。余程緊張していたのでしょう。それに、約十年前のことでもありますから……。

このような会を発案したきっかけは、ただ会員の皆様にお会いしたかったからです。機関誌の「聖法」を月に一度お届けするだけでは会員様とのコミュニケーションが充分ではないように感じていました。基本的なお砂の保管方法、使い方、ご自宅からの方位の正確な見方、土用の事などを直にお顔を見ながらきちんとお伝えしたいと思ったからです。また、なにより気学という運命学を身近なものと知って欲しい、その思いを強く持っておりました。実現した会を開催する度に、初対面の方や昔からの会員様など、様々な人々との出会いがあります。気学にご興味がおありの方に向けての伝達活動の場であることはもちろんですが、誘われてお付き合いで足を運んで下さる方、興味津々で来られる方、教室での勉強にプラスしたい方など様々です。「楽しかった！　また来ます。」のお声を聞けるとスタッフ一同、次回も頑張ろうと励まされます。毎回本当に楽しみにしているのよ、と車で二、三時間かけて来てくださる方もいます。そのお声にお応えできるよう内容の充実に努めたいといつも考えます。風の会は講師に取っても勉強になる場でもあります。

五香に続いて「みらい平」、「王子 北とぴあ」、「世田谷」、「守谷」、「三郷」、「木更津」、「横浜」、「仙台」など、いずれも会員さん、支部長さん達のご協力により、会場取りやお声掛けをしていただいて次々と開催の運びとなりました。私は、厚かましく会員さんにお電話や、あるいはお会いして開催のお願いをして、会場取り、参加へのお声掛けなど、いろいろお願いごとをしました。公共の施設を使用する場合は、参加者がその地域の住民であることなど諸条件をクリアしなければなりません。その都度、聖法氣學會の会則等々を提出し許可を得ての使用になります。お世話を買って出てくださった皆様には煩わしいご面倒をお掛けすることが沢山ありましたが、進んで気持ちよく段取りしてくださいました。また、中にはご自宅を提供して下さる方もいらっしゃいました。前日からのお掃除や茶菓の用意で大変だったことでしょう。心から御礼申し上げます。皆様のご協力でこのように風の会は成立いたしました。次は皆様のお近くで、ぜひ開催なさってください。

以上のような経緯でいくつかの会場で開催できるようになり七年間程、各会場で各講師により活発に活動を続けておりました。しかし、令和二年より、コロナにより残念ながら已む無くお休みをせざるを得ない状況を迎えることになってしまったのです。風の会を心待ちにして下さっていた皆様からは「残念です。」というお声がたくさん届きました。早く、全会場で以前の様に明るい顔でお会いして皆様のお話をお聞きしたい思いで日々を過ごしました。思い返せば、風の会を通して聖法氣學會を信頼し、新たに会員登録された方も出て来ておりました。また、気学をしっかり学びたいと教室に通い始めた方、また、風の会で皆さんにお会いできることを楽しみにされる方など目的は様々ですが、共通しているのは「楽しい会、皆さんにお会いしていろいろお話できるし、気学を身近に感じる。」ということのようです。これは当初から私が願っていたことです。また、皆様との会話から自分はどんな気質を持ち、自分はどのように存在しているのか。生まれてきた意味を一緒に考えて、生きがいを見つけて行きたいと思います。これは、私の気学に対する思いに通じています。

初めてづくしの風の会、手探りでスタートを切った五香は、十年経ったいまも、初回からのアシスタントの辻村桂象助教がアシスタントをしてくれています。また、会場近くに住む田中祥隆講師

もほぼ毎回、持ち時間を楽しく担当頂いています。出席者も田中講師の講義を楽しみにされていま
す。お二人とも、アシストというより、もうほぼ「主」になってやってくださっていますので心強
いかぎりです。

以下は令和四年の六月末に開いた会でのことです。辻村助教は、二十四節気から考え、風の会の
テキストである『気学 千夜一夜』のどこを私が使うのか、あらかじめ予想し、机の上に「半夏生《はんげしょう》」
の花が花瓶に挿してあったのです。私は、「あっ！」と心の中で思いました。聞けば、来る道中で
摘んできました、とのこと。このようにいつもご出席の皆様始め、関係者の方々の温かい気持ちに
支えられ、助けられ、会は「花」を飾られて鮮やかに輝き続けます。ご都合がよろしい時に、皆様
どうぞおでかけください。各会場で各講師がお待ち申し上げております。

# 第Ⅴ章　学統の解説

名誉会長　松田 統聖

聖法氣學會の基本理論を顕す『学統』は、新時代を拓く令和元年五月一日に会員の皆さんに発表され、会の『気学明鑑』二〜三頁に掲載されています。
今回、聖法氣學會創立七十周年記念論集を出版するにあたり、新しい視点を追加して解説をしたいと思います。

## 聖法氣學會　学統

**【本文】**

一、聖法氣學は生々浩然の気を以て基とし、その理は易学、五行、河図、洛書を以て礎とす

**〈解説〉**

聖法氣學會の気学は、生々、浩然の気を核心としています。ここでいう「生々の気」という言葉は、現実世界の森羅万象の生成枯死を司る気エネルギーのことです。また「浩然の気」とは古代中国の思想家である孟子の言葉をまとめた『孟子』という書物にでてくる有名な言葉で、天地の間にあまねく満ちて展開して森羅万象の根源になっているという意味です。従って、生々、浩然の気と

いうのは、気エネルギーが、森羅万象にわたって力強く働くという意味です。この気エネルギーの動きを私達の側に引き寄せ、吉運を招き、凶災を避けるために、易、河図、洛書、陰陽五行論などの考え方を取り込み、これらを縦横の軸として気学の論は成り立っているのです。

【本文】

一、易学の核心は太極にあり、気学の核心は五黄土星にあり、九星の核心は象意、方位、遁行にあり

〈解説〉

易の注釈書である繫辞伝では、気には陰と陽があり、それが陰陽に分かれる以前の気の状態を太極という言葉であらわしています。この太極については、今から千年ほど以前の宋の時代に、周廉渓や張横渠らの思想家によって「万物の存在を突き詰めると陰陽混一の気に行きつくのであり、これを太極というのである」という解釈が出されました。さらに「太極は陰陽混一」とあるように、太極は未だ陰陽の区分がなく（つまり陽の気、陰の気の別がなく）、その結果、無形である（形がない、現象ではない）ために「無」であると説きました。つまり、宋代の先学たちは、老子や荘子

などの賢人の「無は有の根源である」という言葉に込められた「ものがあるとはこういうことである」という英知を継承して、変幻万化する現象世界で、変わらない存在、それは森羅万象の根源であるという解釈に至ったのです。

ところで、気学は九星それぞれの星が易の八卦に対応し、それぞれの星の方位や象意も易に基本をおいていますから、気学の根源は易にあるということになります。気学の九星のうち、五黄土星を除くいずれの星も易の八卦と対応してそれぞれの象意をもっていますが、唯一、無卦、つまり無形無象の星が五黄土星です。ここから五黄土星が易繋辞伝のいう無形無象の太極に該当していること、つまり、易の八卦の根源が太極であると同じく、気学の九星の根源も五黄土星にあることを知ることが出来るのです。

さて、ご存じのように、易は占筮といって易者の鋭い感覚（予知能力）によって、気の動きを感じ取るところに鑑定のポイントがあるのですが、しかし、この方法は、占筮者《せんぜい》の能力の程度に左右されたり、占筮者の恣意が潜むことを排除できないという短所でもあります。このような易占の泣き所を克服したのが気学なのです。というのも、気学では洛書に描かれた斑点（一～九）を数象（順序などの意味をもつ象）とし、これに基づいて九星が中宮をはじめ八宮を巡るという動き、即ち移動の順路が確定するのであり、ここから九星の「遁行」が導き出されるのです。このようにして九星が遁行する「方位」と宮がもつ「象意（気による現象の意味）」を重ね合わせることによって、時々刻々遁行していく九星の状況、即ち現象からこれからの吉凶を読み取っていくのです。
ここが鑑定者の「ばらつき」の大きい予知能力に依拠する易と気学との全く異なるところであり、「九星の核心は象意、方位、遁行にあり」と言うことができる根拠もここにあるのです。

**【本文】**

一、気は作用、動きにして現象なり、象意なり、是れ、二にして二ならず

**〈解説〉**

気とは働き、作用、力（エネルギー）のことであって、目には見えず、従って気は無形なのです。そして、現実の世界にあっては、この気エネルギーによる集散によって、人をはじめ森羅万象は形をもつことができるのであり、それを現象として認識し、その意味を象意として理解するのです。つまり、気エネルギーによって、文字どおり「現実の象（かたち）＝事々物々」として対象化されて認識されるのであり、これが象意というものなのです。従って気（の作用）がなければ森羅万象は存在しないし、逆に森羅万象は、それを成り立たせている（気の）作用によってのみ知る（存在

を認知する）ことが出来るということなのです。このように気の作用とその現象は一体であり、この視点からは決して別々ではありません。しかし、一方は作用（従って無形）、一方は作用による現象であり、この意味では、気の作用と現象とは無形と有形ということであり、この視点からは、双方は全く異なることを理解することが必要です。いわば「二にして一、一にして二」という関係、この理解が難しいところですが、ここに象意を切り札とする気学の本質があるのです。

**【本文】**

一、方位の吉凶は遁行盤に、運気の強弱は河図、洛書に、家相の要諦は後天定位盤と火気、水気にあり

**〈解説〉**

方位の吉凶判断の根拠は、その人の本命星が年や月、日ごとに順序を違えず九宮を巡り往く遁行盤に示されるのであり、運気の強弱判断の基準は、この九星の遁行を示す遁行盤と後天定位盤との同会に示されているのです。さらに、人は生涯の三分の一を家屋（家屋の中心である宅心は太極）で就寝するのであり、ということは、それぞれ家屋によって区切られた生々の気を、就寝中に体内

に最も深く取り込むのです。従って、家の形がそこに住む人に与える吉凶は、後天定位盤と家相（家の形状と方位）との密接な関係にあるのです。ここに家相が重視される理由があるのです。また家相のうち間取りについては、火気と水気の場、所謂三備（台所、トイレ、風呂場）の配置が最も重要とされますが、その理由は以下の通りです。即ち、人がこの世に登場する以前の世界を示す先天定位盤では、世界の構造を支える理念的な象徴として天と地が対立軸をなしていますが、人が登場した以後を示す後天定位盤では、天と地にかわってその位置に火と水が位置しており、ここから火と水とが人が生きていくうえで天地に匹敵するほど必須のものであることが暗示されているのです。このように火気と水気が宅心（太極）から湧き出る生々の気を穢さないよう、三備の配置に留意しなければならないということになるのです。

【本文】

一、生々浩然の気は後天定位盤に、其の論は先天定位盤に展開し、鬼門の真理は両者の同会にあり

〈解説〉

森羅万象の生成枯死を司る生々の気の象意と方位は後天定位盤に示されているのですが、その正しさは、それが由来する先天定位盤と洛書によって保証されているのです。気学では、この二つの定位盤を同会させることによって、さまざまな問題の解決の糸口を得ることが出来るのですが、とくに家相において古くから言い伝えられている鬼門大凶方説も、またその真理を明らかにすることができるのです。

そもそも鬼門という言葉の「鬼」の字は、俗説のような呪術（神秘）的な意味があるのではありません。鬼門、宅心から見た方位で艮については、次のような整然とした理論があるのです。即ち、現実世界の生々の気の位置を示す後天定位盤と、その根拠を示す先天定位盤を同会させたとき、後天定位盤の艮宮と中宮、坤宮を結ぶ線を変化線といいます。実は、この後天定位盤と先天定位盤を同会させますと、先天定位盤の乾から坤までのそれぞれの卦の初爻が陽（爻）の領域と初爻が陰（爻）の領域に分かれる境界線が後天定位盤の変化線と一致しているのです。つまり、後天定位盤の変化線と先天定位盤の陽の領域と陰の領域との接線が一致しているのです。従って、先天定位盤の陽の領域と陰の領域との接線の起点になっている艮宮の気を弱めることは、後天定位盤を支える先天定位盤の陰領域と陽領域の結合構造に亀裂の端緒をつくることになってしまうのです。つまり、後天定位盤の根拠となっている先天定位盤の陰と陽の領域を切り離すことになり、森羅万象の存在基盤を足下《あしもと》から破綻させることになってしまうことを意味しています。ここに、家相の形状と間取りにおいて、艮方位の扱いが最も注意を要する理由があるのです。

**【本文】**

一、気学は占技に偏るべからず、気質を離れるべからず、気に順い、気と向き合い、気の共時性に則り、以て人生の安寧を実現す以上、聖法氣學會の哲理にして、学統なり

**〈解説〉**

気学の鑑定においては、根拠のない占術に走り、あるいは現実の現象を離れて占技の新規性や多様多彩を誇ろうとする心をもってはなりません。また、象意の基本である人の心の作用（認識）を忘れて、方位とその方位の星の象意を機械的に結びつけてはなりません。これは気学を人から遊離した占技の無意味な手練手管へと堕することなのです。気学は常に人の気質（本命星の気、月命星の気など）と象意から離れてはならないということです。何故なら、生々の気は人の気質に最も強くあらわれ、それと人との間を結ぶのが象意であるからなのです。

気学によって明らかになる生々の気に順い、象意を正しくとらえ、心と生々の気の作用とが共鳴

することによってこそ、日々の生活において、吉をたぐり寄せ災いを避けることができるのです。

以上が、聖法氣學會が未来へと受け継いでいくべき気学であり、これが気学のすべてであるのです。

（了）

# 第Ⅵ章　聖法氣學會の沿革と現況

## 【1】沿革

| 和暦 | 西暦 | 内容 |
| --- | --- | --- |
| 昭和三十年 | 一九五五年 | 創始者 宮田武明先生 聖法氣學會を創立 |
| 三十三年 | 一九五八年 | 第一回 気学教室を開催 |
| 三十五年 | 一九六〇年 | 機関誌『聖法』第一号 創刊 |
| 四十六年 | 一九七一年 | 機関誌『聖法』毎月発行 |
| 平成八年 | 一九九六年 | 宮田武明先生 逝去 |
| 十五年 | 二〇〇三年 | 富澤弘象先生 会長に就任 |

| | | |
|---|---|---|
| 平成二十年 | 二〇〇八年 | 支部制 設置 |
| 二十一年 | 二〇〇九年 | 『気学の基礎』 出版 松田統聖著 |
| 二十二年 | 二〇一〇年 | 第一回鑑定士研修 実施 |
| 二十四年 | 二〇一二年 | 松田統聖先生 会長に就任・「家相セミナー」 実施<br>富澤弘象先生 名誉会長に就任 |
| 二十五年 | 二〇一三年 | テキスト『運命の見方』 出版 松田統聖著<br>富澤弘象先生 逝去・公式ホームページ開設<br>宮田芳明常任幹事 逝去・「風の会」 スタート |
| 平成二十六年 | 二〇一四年 | テキスト『家相の見方』 出版 松田統聖著<br>第二回 講師研修 実施 |

| | | |
|---|---|---|
| 二十七年 | 二〇一五年 | 『気学の力』（気学の基礎改題）出版 松田統聖著<br>『九星の秘密』改訂版出版 松田統聖著 |
| 二十八年 | 二〇一六年 | 聖法氣學會 創立六十周年記念事業部設置<br>『気学の真髄』の出版が決定 |
| 二十九年 | 二〇一七年 | 『気学の真髄』出版 聖法氣學會編<br>第三回 講師養成研修実施・「気学のつどい」開催 |
| 三十年 | 二〇一八年 | 『実践する気学』出版 松田統聖・伊藤聖優雨共著<br>『学統』制定<br>伊藤聖優雨先生 会長に就任<br>松田統聖先生 名誉会長に就任 |

| | | |
|---|---|---|
| 令和元年 | 二〇一九年 | 「気学明鑑」改訂版発行<br>『気学用語事典』出版　松田統聖・作道潤聖共著 |
| 令和二年 | 二〇二〇年 | 『気学　千夜一夜』出版　伊藤聖優雨著<br>「ワンストップ　テレホンサービス」開始<br>第二回　鑑定士研修　実施<br>『気学の初歩から哲理まで』出版<br>松田統聖・花澤瑛象共著 |
| 令和三年 | 二〇二一年 | 第四回　講師養成研修　実施 |
| 四年 | 二〇二二年 | 聖法氣學會　創立七十周年事業部　設置<br>小松聖承相談役　逝去 |
| 五年 | 二〇二三年 | 聖法氣學會　創立七十周年記念論集『気学の道』出版 |

## 【2】現況（令和五年一月現在）

1. 役員

会　長　伊藤聖優雨
名誉会長　松田統聖
副会長　中村笙聖
特別顧問　菊川隆聖
常任幹事　作道潤聖　岩田渓聖
幹　事　辻村桂象　小沼直久
名誉顧問　村松永聖　松田光象
顧　問　宗田泰治

2. 支部

東京都 板橋区　第一支部

北区　第一支部

北区　第二支部

杉並区　第一支部

墨田区　第一支部

町田市　第一支部

町田市　第二支部

千葉県　千葉市　第一支部

成田市　第一支部

松戸市　第一支部

埼玉県　鶴ヶ島市　第一支部

八潮市　第一支部

茨城県　つくば市　第一支部

神奈川 横浜市　第一支部
大和市　第一支部

3. 鑑定項目
移転、旅行、入院などの方位鑑定
見合い、恋愛、結婚、再婚などの相性鑑定
就職、転職、人事などの運気鑑定
新築、増築などの家相鑑定
その他の悩み事

4. 祐気どり・御神砂とりの催行

5. 機関誌『聖法』毎月一回発行 令和五年五月現在 第三一八月号

6. 気学教室

上野教室　応用科、応用専科
八重洲夜間教室　応用科
神田教室　基礎科
浦和教室　基礎科
川口夜間教室第一　基礎科
川口夜間教室第二　基礎科
柏おおたかの森教室　基礎科
南流山教室　基礎科
成田教室　基礎科、応用科
市川夜間教室　基礎科
仙台教室　応用科

7. 出版書籍

「気学の力」松田統聖　東洋書院

「九星の秘密」松田統聖　東洋書院
「実践する気学」松田統聖・伊藤聖優雨　東洋書院
「気学の真髄」（創立六十周年記念論集）聖法氣學會編　東洋書院
「気学用語事典」松田統聖・作道潤聖　東洋書院
「気学　千夜一夜」伊藤聖優雨　風詠社
「気学の初歩から哲理まで」松田統聖・花澤瑛象　風詠社
「気学の道」（七十周年記念論集）聖法氣學會編　風詠社
「気学存在論の試み」松田統聖　聖法氣學會刊（限定刊）

8. 関連組織
風の会
北区王子　風の会
松戸五香　風の会
木更津市　風の会
仙台市　風の会

# 第Ⅶ章

# 機関誌「聖法」掲載記事（抜粋）

「聖法」（第二九一号掲載）

## 古典のこぼれ話

名誉会長　松田統聖

中国の昔に『荘子（そうじ）』という有名な本があります。この本は岩波文庫からも『荘子』という書名で出版されていて、先秦時代の諸子百家のひとり、荘周という名の人が著したとされる説話集です。今回、ご紹介する古典のこぼれ話は、この『荘子』外篇の秋水篇に収録されている話からです。

荘子が恵子（けいし）といっしょに濠水（ごうすい）の渡場のあたりで遊んだことがある。そのとき、荘子は恵子に言った「魚がのびのびと自由に泳ぎまわっている、これこそ魚の楽しみだよ」。ところが、この荘子の話に対して、恵子はこう答えた「君は魚ではない、どうして魚の楽しみがわかろうか」。これに対して荘子は「君は僕ではない、どうして僕が魚の楽しみをわかっていない、とわかるのか」。これに恵子は「僕は君ではないから、もちろん君のことはわからない。（してみると、）君はもちろん魚ではないから、君に魚の楽しみがわからないことも確実だよ」。荘子は答えた、「まあ、話の初めにかえって考えてみよう。君は『お前にどうして魚の楽しみがわかるだろうか』といったが、それは、君がすでに、僕が魚の気持ちを知っていることを了解したうえで、僕に問いかけたものだ。君は僕ではなくとも、僕のことをわかっているじゃないか。とにかく、僕は濠水のほとりで魚の楽しみがわかったのだ」という会話である。

これを図式に整理して、日常語に直してみるとつぎのようになるでしょう。

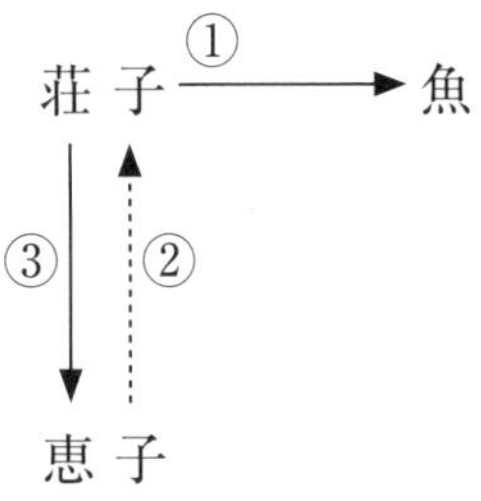


①荘子　恵子さん、ご覧よ、魚が楽しそうに遊んでいるね

②恵子　おいおい、君は魚ではないのに、魚がどうして楽しそうだ、とわかるのかい？　わからな

いはずだぜ。

③荘子　うーん、なるほどネ。君の言い分は、ちょっと聞くともっともらしいけれど、よーく考えると、間違っているよ！　なぜなら、さっき君は僕に「魚じゃないのに、『魚が楽しんでいる』ってどうしてわかる?」と言ったのは、「僕と魚は別ものだから、魚の心は僕には理解できないはず。」と思っているからでしょう。でも、もし君の言い分が正しいとすれば、同じように、君と僕も別ものだから、君は僕の心を知ることはできない、ということになるはずだよネ。けれど、君は「魚ではない僕が魚の気持ちをわかるはずがない」と僕に向かって言うことができるってことは、「君は僕とは別人なのに、僕の心を知ることが出来る」ということを前提として言っている証拠じゃないか！

というような会話です。

さてさて、荘子と恵子の問答のように、一体私たちは他人の気持ちを本当にわかりあえるのでしょうか?　それとも、私たちは日常で感じる共感は独りよがりの幻想なのでしょうか?

（了）

「聖法」（第二八〇号掲載）

# 『情の星』一白水星、四緑木星、七赤金星

常任幹事　作道　潤聖

九星の気質を情の星、意思の星、知の星と分類する見方があります。一白水星、四緑木星、七赤金星は「情の星」、三碧木星、六白金星、九紫火星は「知の星」、二黒土星、五黄土星、八白土星は「意思の星」といわれています。今回は「情の星」について考えてみたいと思います。

一白水星の正象は水。主な象意には生む、柔和、熟慮があります。新しい関係を生み、そして打ち解けた関係を築きます。日本の歴代首相の本命星は九紫火星、五黄土星に次いで一白水星が多いのですが、九紫火星、五黄土星は親分肌で高みに立ち、物事を俯瞰する力をもっていますが、一白水星がこの二つの星に次いでいるのは何故でしょうか。水は「方円の器に順う」という通りおかれた環境に見事に馴染んでいくことが出来ます。一白水星の人ははじめは時間がかかりますが、一度親しくなると見事に相手の気持ちをつかんで離しません。しかも考えた上の行動をする。この強み

があるからではないでしょうか。

四緑木星の正象は風。主な象意には信用、調う、交際があります。普段の行動が相手との信頼関係を作り、信用を得て、お付き合いに発展します。四緑木星の代表的象意は「伏入」。ふっと相手の心に入り込んでいきます。さらに三碧木星から四緑木星への遁行において勢いある三碧木星のエネルギーを見事に一つの形に調え、落ち着かせるのが四緑木星なのです。

七赤金星の正象は沢。沢の水は乾いた身体・精神に潤いを与え、ひと時の癒しを与えてくれます。少女、愛嬌、如才ない、誘惑という象意があり、あどけなさを見せながらもその行動は計算されており、相手を引き込む魅力をもっています。

以上三つの星について「情」と関係する象意について書いてきました。「情」というのは「情のある人」、「情けをかける」などの通り、思いやりのある気持ち、誠意などの意味ですが、他の星に比べて人との関わりが得意である面が「情」という言葉に象徴されているものと思われます。人の話をよく聞く、理解する（理解しようとする）という面が共通項でしょうか。つまり、「情の星」とは、人に接し、人を惹きつける、結びつける力をもつのです。「情の星」に一白水星、四緑木星、七赤金星が挙げられる理由は人との関係において、必須である要素を象意の中にもつからといえます。一白水星は水のように流れ、形を変え、考えを巡らす（計画する）、人との新しい関係をつくります。四緑木星は人の心に静かに入り、人に風のようにふれて、人の間を調える。七赤金星は癒しの気で人に接し、楽しみ、冷静な判断で事にあたることができます。「知の星」（三碧木星、六白金星、九紫火星）、「意思の星」（二黒土星、五黄土星、八白土星）が前に進む、あるいは、しっかりと歩むという「強さ、堅さをもつ気」であるのに対して、一白水星、四緑木星、七赤金星は、自然と人に触れる「やわらかな気」であるところからも、「情の星」という呼び名がつけられたのでしょう。

| | | | | |
|---|---|---|---|---|
| 巽 | | 南 | | 坤 |
| | 4 | 9 | 2 | |
| 東 | 3 | 5 | 7 | 西 |
| | 8 | 1 | 6 | |
| 艮 | | 北 | | 乾 |

後天定位盤「情の星」の位置

「聖法」(第二八二号掲載)

# 『知の星』三碧木星、六白金星、九紫火星

常任幹事　作道　潤聖

三碧木星、六白金星、九紫火星は「知の星」といわれています。それぞれの星の象意をみてみましょう。

三碧木星の正象は「雷」。主な象意には、進む、現れる、活気、機転が利く、若い、などがあります。

六白金星の正象は「天」。主な象意には、高位、リーダー、活動、健やか、闘う、などがあります。

九紫火星の正象は「火」。主な象意には、高貴、争い、離合集散、名誉、臨機応変、暴露、などがあります。

「三、六、九」というと、正象にある「雷」、「天」、「火」の通り、勢い、強い、早いというイメージが浮かび、「知」というよりも「強い」という印象があります。では何故、「知の星」と呼ばれる

のでしょうか。六白金星は先天定位盤では天の位置、最上位にあり、九紫火星も言うまでもなく後天定位盤の最上位にあります。六白金星の天は「天理＝物事の是非の筋道を通す存在」、天は知の最高峰であり六白金星には知というイメージが備わっているのです。三碧木星の正象「雷」は天から発せられる使者の象（かたち）にも見えます。夜明けとともに勢いよく昇る陽の力そのものです。九紫火星は高位、高貴という象意をもちます。いずれの星も天の意思の如く存在していることを感じさせます。

三碧木星の素早さ、六白金星の理詰め、九紫火星の一途で理屈好きという象意は、いずれも周囲の星（の人）はこの象意（気質）を分かっていて、その言動を許容しているように感じることがあります。「知」を裏付けるのは、三碧木星は早さだけではなく機転が利く、六白金星には向かう方向が決まると、リーダーの本領を発揮して皆を率いる、九紫火星は決断が早く、情況に応じて臨機応変に対応する勘の良さをもつことといえるでしょう。一見、むやみに前進しているように見えるのですが、そこには他の星には見えないほどの速さで「知恵」を働かせるスピードがあり、周囲をも置き去りにしてしまうのです。そして、さらに九星の中で「知の星」を補強させているのがこの三つの星に共通する「強さ」です。土用の月、四月、七月、十月、一月には、三碧木星、六白金星、九紫火星は月盤の中宮に位置します（左図・氣學明鑑十八～十九頁より）。

五黄土星の気が支配する時期に中宮にあることで、方災を切るお砂として三碧木星、六白金星、九紫火星が使われることは良く知られている通りです。この気の作用を切る、という強さと前述の「知」の象意を重ねると、三つの星の強さが一層際立っていることを付け加えてこの項を終わります。

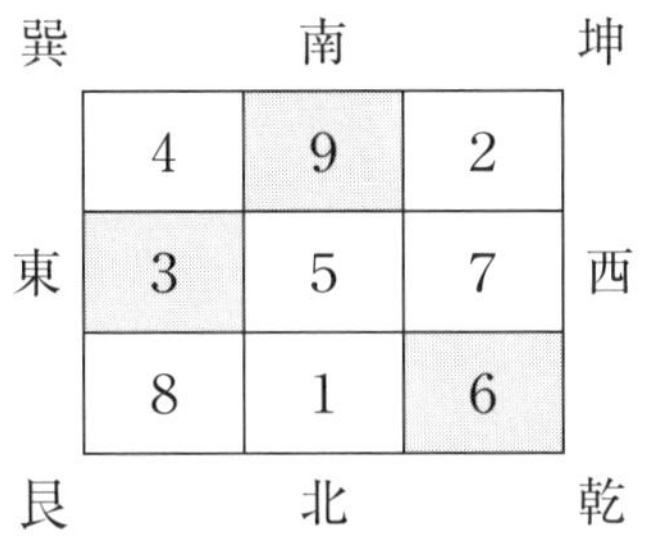


後天定位盤「知の星」の位置

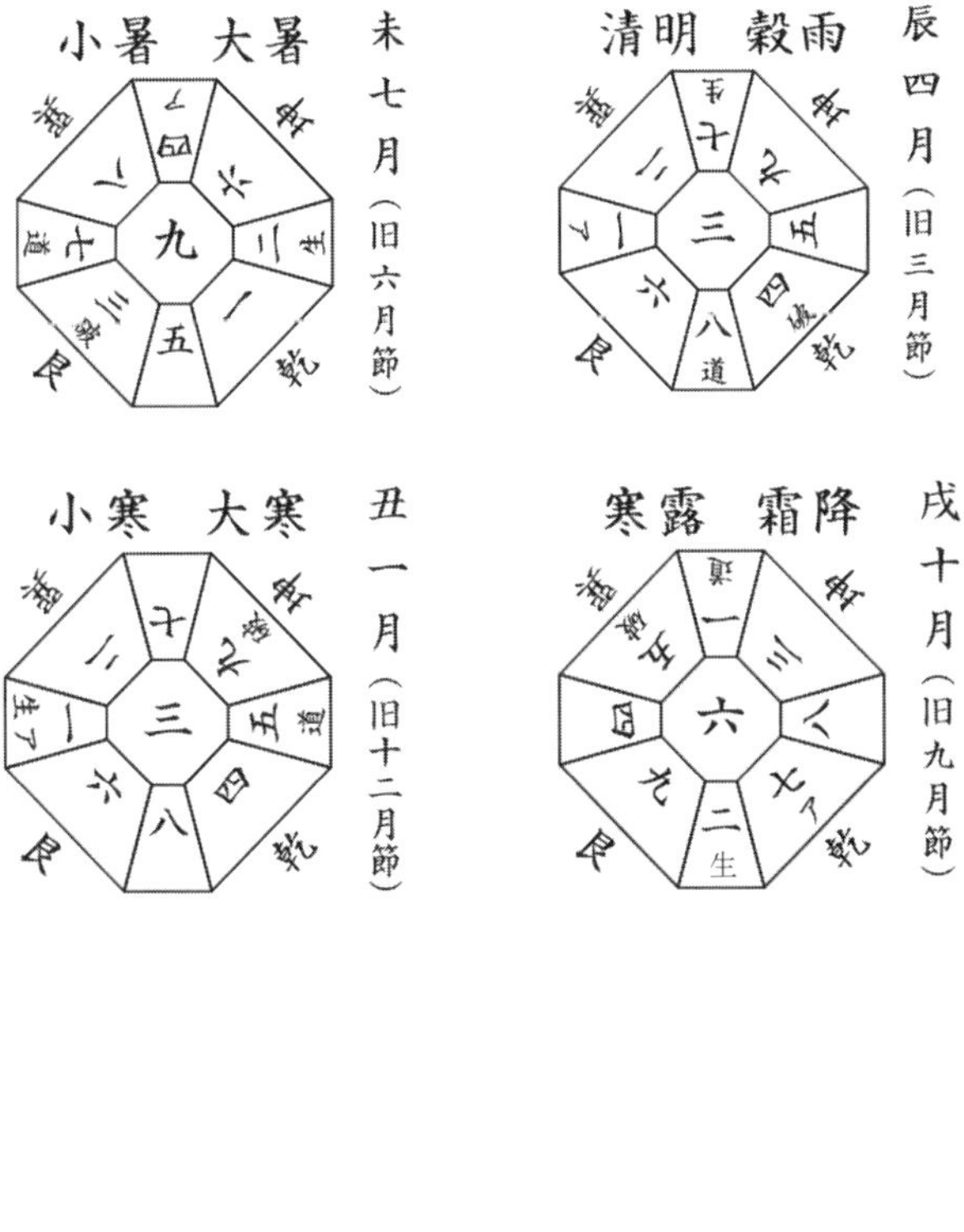

「聖法」（第二八四号掲載）

# 『意思の星』二黒土星、五黄土星、八白土星

常任幹事　作道潤聖

これまでの一白水星、四緑木星、七赤金星の「情の星」、三碧木星、六白金星、九紫火星の「知の星」とは違い、二黒土星、五黄土星、八白土星は「土（土性）」という共通の五行をもった比和の星です。土性の星は「意思の星」と呼ばれます。「土」と「意思」。何故そう呼ばれるのでしょうか。まず、基本的な象意からみてみましょう。

二黒土星：正象は平地。「致役」とする（すべてを養い育てるためにあらゆる努力をする）、「受容」、「無化する」。

五黄土星：万物を「生む」、「腐敗」、「支配」（万物の生成消滅を支配する）

八白土星：正象は山。「不動（動かず）」は人間に軽率な行動を戒める。継ぎ目とする。変化、復活とする

三つの星の基本の象意を並べてみると、土の特徴である「変化」という言葉が共通項として浮か

びます。変化というのは（太陽の）熱を、（天から降る）雨を、そして生物・植物の生滅をも受け入れ、常に変化する。土は自然の営みそのものといえます。「土は生々たる気をもって万物を生み、滋養に溢れた気をもって寿命を全うに向かって万物を突き動かし、そして腐敗の気によって万物をおのれに帰すのです」（松田統聖著九星の秘密『九星の秘密』十四頁）とある通り、土性は生み育てる強い意志により存在しているといえるのです。

さらに、土（性）はそれぞれの象意の特徴から、三つの「欲」に分けられます。二黒土星は母が子を育てるように無償の愛を貫き、そのために無欲で地道に何事も受容する。その欲は「正欲」といわれます。八白土星は土が重なり積もった不動の山。何事にも動ぜず、底の強さを感じさせます。土が積もる（一つひとつの欲が重なる）ことから「強欲」といわれます。そして、五黄土星は冒頭の象意にある通り万物を支配する「暴欲」といわれます。「意思の星」は「欲」の星でもある訳です。もちろんそこにある欲は、私利私欲ではない、（大変軽い対比ではありますが）万物の営みを継続させる公（おおやけ）の欲なのです。だからこそ、そこには強い意志が必要であり、他の星の象意にはみられない「正しい変化」が配されているのです。なお、二黒土星の変化と比べ、その変化の大きさから八白土星は「急変」、五黄土星は「激変」といわれることも付け加えておきます。

最後に、土の（人の）気質をみると、公の欲である割にはその気質は総じて地味で質素ですが、事に当たってはやはり粘り強く、なかなかギブアップはしないというのが特徴でしょうか。また、変化線を構成し後天定位盤の二黒土星（坤宮）、五黄土星（中宮）、八白土星（艮宮）という斜めの線上に同会した時は「運気が変化するため注意を要する」ということになり、後天定位盤の土の強い意思を受けることになるのです。

以上、三回にわたって、「情の星」「知の星」「意思の星」を紹介して来ました。読者の皆さんの本命星の理解の一助になることを願って筆をおきたいと思います。

（了）

| | | | | |
|---|---|---|---|---|
| 巽 | | 南 | | 坤 |
| | 4 | 9 | 2 | |
| 東 | 3 | 5 | 7 | 西 |
| | 8 | 1 | 6 | |
| 艮 | | 北 | | 乾 |

後天定位盤「意思の星」の位置

「聖法」（第二八二号掲載）

# 気学と茶道

横浜市在住　大澤 裕子

私の趣味は茶道、裏千家の茶道を五十年余り続けています。茶道は点前を始め、焼き物、陶工、塗師、禅語、裂地、書、生花、花入等々、他に学ぶことが沢山あります。十年位前、気学の勉強を始めた頃、茶道の教えと共通する部分を感じました。まず、陰と陽です。茶道の道具を置く位置、数は陰陽に基づいています。茶事の初座は陰、後座は陽です。茶室の理想は床の間を北、東南の明かりを採り、客は貴人の場合は北に他の客は東に座し陰、亭主は西側、陰に座し陽になるのが理想の茶室ですが、その方位に適った茶室の点前にする為に、八卦盆というお盆を使います。八卦盆とは、黒塗りの丸盆で八卦後天図が青の象嵌（ぞうがん）で描かれており、盆の点前が離＝南、向こう側に坎＝北として使い、理想の方位にかなった茶室として使用します。

道具のひとつに、『五行棚』（写真）という棚があります。上板、地板は「木」、炭火で「火」、土風呂の「土」、釜の「金」、そしてお湯になる「水」。「ひとつの棚に世の中を構成している全てがこ

『五行棚』

の御棚に入っている」と習いました。気学で勉強している【木・火・土・金・水】です。今は十月だけに使う棚ですが、昔は立冬の前の土用の時期に因んでいたようです。道具の設（しつら）えは、陽の「火」の上にある物は陰として扱い、逆に陰の「水」の上にある物は陽として扱う等々です。亀蔵棗（きぞうなつめ）という薄茶器があります。表面に亀卜占いの図が施されています。気学を始めた初期の頃、卜占に亀卜があり、その占い図が亀蔵棗のそれであることを知り一人でにっこりした覚えがあります。

茶道は易とは切り離せません。気学の起源も易と関係あることから、気学の勉強をしていると、今まで教えられた事をただ覚えていた茶道の教えの理屈が分かってくるように思えます。気学の勉強をしてきて良かったと思えるこの頃ですが、気学は勿論、茶道も未だ未だなのは少し情けない気持ちになります。どちらも精進するつもりで取り組んでいきたいと思います。

「聖法」（第八九号掲載）

## 気学の効用

山の上ホテル　吉田 俊男

時間的なくりあわせのきく人や、気持に余裕のある方は一から気学を学び、自分の生きる道を自分の眼で選んで行くことが一番いいことは勿論である。宮田先生の処も年々生徒が増えて行く様子を見ることは誠に楽しいものである。

けれど、僕の様に日曜も祭日も無く、仕事にしばられて居ると、気学会に入会して学ぶ暇がどうしても見付からない。しかたないので月に一、二度先生にお目にかかり、その時々の問題の相談をする事になる。

先生を存じ上げてから最早十五年以上になる。先生と月々十五年間もお逢い続けて居る訳である。それなのに気学の知識は、今年入会した人にも及ばないのである。先生から見れば、歯がゆく、此奴一体何度同じことを言ったら分かるのだろうと思われているに違いない。

ところが当人の僕はそれが誠に自然であり、当たり前であり、気学の様に難しいものが自分に分からないのは当然だと思っているのである。何事もそうだが、原則や理屈は少し勉強すれば或程度分るものだと思うのである。がそれを人生や世の中の森羅万象と結びつけて解釈する段になれば、此奴は決して楽なことではあるまい。深い経験と透徹した哲学が無くては人の一生を左右するようなことについて判断することは困難である。

うちにコックが六十名も居るけれども本当に旨いローストビーフを焼ける者はわずかに二、三人にすぎないのである。肉をオーブンに入れて焼けばいいだけのものであるが、それ程に簡単な料理でも、理屈だけではできないものなのである。

まして、気学なんて云う東洋古来の学問を実生活に応用するとなれば、全精力を傾けたって、中々できるものでもあるまい。この様な考えで僕は学ぶという立場を初めからあきらめ、ただ相談することを十年以上もつづけているのである。

十日も宮田先生に逢わないと、先生どうしているかなあと思うのである。家内に何か相談することはなかったかなあというと、あれこれと言ってくれる。そこでお目にかかる段取りとなるのである。

あれも、これもと、お逢いするまでは、お聞きすることを思い浮かべるが、さて、先生の温顔に接すると、左様な質問もほとんど忘れてしまう。何だかすべてこれでいい様な気楽な気持ちになってしまうのである。

そこでつまらぬ雑談をして一時間もすぎてしまうはめになる。左様なことをここ十五年も続けている訳である。先生にとっては全くクダラナイ時間に違いない。相談があると言うから逢ってやれば丸で何もないではないか、と思われるのも当然である。

だけれど不思議なことに、先生に逢って、雑談していれば、それで安心できるのだ。そして、ここ十五年間のうちには、組合すらないし、ストなんて一度もない、皆んな、何となく気持ちよく働いている。二百人の従業員が、このホテルをささえていてくれることになっている、そういう気学の効用もあることを知って頂きたいと思って一筆執った次第である。それに加えて、門前の小僧の様に、何が何だか訳は分からないけれど、十五年先生の顔を見ている中に、自分でもこれはマズイ、これはいいということが直感的に何となく分かる様になって来たことが、また別の気学の効用であろうか。

「聖法」(第二〇七号掲載)

# 宮田芳明先生(宮田武明先生御令息)を偲ぶ

会長　松田統聖

平成二十五年、十一月二十九日に当会の事務局を担当する常任幹事、宮田芳明先生が突然逝去され、多くの会員の皆様に驚きと悲しみが広がりました。私も亡くなられる前日まで、連絡を取り合っていましたので、悲報に接したときは言葉を失ってしまいました。振り返れば、宮田芳明先生と私とのお付き合いは、十数年以上にわたります。ご逝去された今となっては、数え切れない思い出が心に浮かびます。宮田先生は、会社を退職なさってから気学の勉強を始められましたので、一生懸命でした。私が担当する基礎科、応用科、復習科はすべて出席なさり、当日の授業料のとりまとめをしながら、講義が始まると熱心にノートをとっていらっしゃいました。ときどき「今日の五黄土星の話は難しかった」などと、口数少なく、感想をおっしゃることもありました。そんな訳で、私と宮田先生とは、他の幹事の先生方より、格段に密接でした。とくに思い出に残るのは、遠くは、九州の博多まで、二年にわたって飛行機で二人だけで出張講義を行ったことです。私が講義を、宮田先生が事務手続きをしたのですが、宮田先生は、そのときが初めての飛行機でした。還暦を過ぎてからの飛行機の搭乗ということで、はじめの頃は着陸するまで緊張気味であったことを思い出します。

そんなわけか、航空券の手配も苦手で、二年間、タクシーの手配は宮田先生でしたが、航空券の手配は最後まで私が担当でした。そのほか、神奈川県大和市で開催した大和教室、町田市での町田教室、埼玉県での上尾教室など、遠距離での気学教室はいつも宮田先生との二人三脚でした。講義が終わって、暑い夏は首をうなだれ、寒い冬は首をすくめて、二人並んでホームに立って電車を待ち、帰りの路を急いだものでした。二人ともお酒が苦手でしたから、この点でも気が合い、いつも一直線で帰宅したのも、今となっては、懐かしい思い出になってしまいました。

何事も手を抜かず、暗算が得意で、好きな場所は王子の飛鳥山、大好きな話題は都電でした。先生のお土産は、しばしば都電の形をした「都電最中」でした。

まだまだ書ききれないほど思い出話がありますが、また披瀝する機会があることでしょう。

宮田先生も私と同じ思い出を胸に天国へ旅立たれたのではないでしょうか。宮田先生、どうぞ安らかにお眠り下さい。心からご冥福をお祈り申し上げます。

## 統聖のQ&A

「聖法」（第二二一号掲載）

Q：敷地内ですが、屋外の庭木を伐採するのと、家の中をリフォームするのとでは、時期、方位などの吉凶は、同じと考えるのでしょうか？

A：方位の見方は同じです。つまり、宅心から家相盤（二十四山方位盤）で方位を見ます。「間取りの吉凶は家相盤。庭の吉凶は方位盤。」というような使い分けは、間違いです。敷地内に住んでいる限り、居住している家の宅心からの二十四山方位が支配します。勘違いしやすいですから、充分に気をつけて下さい。

Q：よそに土地を購入して、一戸建てを新築する計画をもっているのですが、気学の上からの注意点としては、どのような事があるでしょうか？

A：時期、方位のチェックが必要なポイントは、土地の購入時期と方位の決定→着工時期→入居時期などですが、最も重要なのは（どうしても譲れないのは）入居時期と方位です。

「聖法」（第二八〇号掲載）

# 九星寄り道ばなし

名誉会長　松田 統聖

＝一白水星の「生む」＝

一白水星の代表的な象意の一つに「生ずる」というのがあります。ここから、一白吉方の御神砂の気には、「新規の交際を生ずる」「新規の客が来る」という作用があります。その由来は、一白水星の定位が「北」とされているためです。次頁の図でおわかりのように北は南と同じく太極図では陰陽の交流点になります。ここで交流点というのは、陽気が最大になる南の午の位置に、陰気の兆しを表す黒い●（点）、陰気が最大になる北の子の位置に、陽気の兆しを表す白い○（点）のことです。このように、太極図では、陰陽の気の交わる方位は南と北のふたつがありますが、方位は四季の冬と連繫していますから、「陰気の極→陽気の始」である北方位を指しています。しかも陰気と陽気は互いに惹き合う関係にありますから、陰・陽の二気の結合としての「生」の作用が働くわけなのです。北は古来、万物発祥の方位として重視されてきました。有名な「巨人・大鵬・卵焼き」という、団塊の世代に親しみを感じさせる言葉にある「大鵬」という大横綱であった名は、人智を超えた大きな鳥、という意味で、この話は『荘子』という二千年以上前の中国の書物に由来しています。この「大鵬」という空想上の巨大な鳥は「北の奥暗い海」から生まれて飛び立つ、と語られているのも、「北」方位に込められた「生む」と言う意味を示唆している例のひとつです。

ここで大切なことは、一白水星の御神砂の気の作用が「何もないところ（無、ゼロ）から新しいものを生む」というのではなく、即ち、五黄土星の気のように「無から有」ではなく、惹き合う一方、あるいは惹きあう双方があって、ものが生まれるという作用のことなのです。つまり、一白水星の御神砂の気は、ふたつのものを結びつけるという作用であるということです。なお、念のために付け加えておきますが、水の形が融通無碍、柔軟で「止水明鏡」という言葉もありますが、ひとたび変化すると、東日本大震災（3・11災害）の大津波のように途方もない力をもっており、このように水気のエネルギーは極めて大きなものですから、万事「新規」の作用、現象を望むときは、是非使ってみたいものです。

太極図
午

子

＊図のように、陽気（白）と陰気（黒）が、二匹の魚のように組合って、子と午の位置に、陽（白）と陰（黒）の目が描かれているところから、「太極図」は別名「陰陽魚」ともいわれています。

「聖法」（第二七一号掲載）

# 「気を知り、気を使う」（平成三十一年 新年会の講話から）

名誉会長　松田 統聖

「気」が如何に重要であるかを話したいと思います。人間は生きるためには、自分で空気（酸素）を身体に取り入れなければなりません。そして、年を経て死ぬ間際には（人の活動の元である）ブドウ糖は体内にある程度蓄積してはいますが、呼吸は自力ではできないので酸素マスクをすぐにつけないといけません。酸素は体内に蓄積しておくことはできないからです。そのような状況にあっても人が生きているのは、「気」がその人を活かしているからと言ってもよいでしょう。そのぐらいに人間にとって「気」（というエネルギー）は大切なものというか、生まれた時からその人の一生のレールを敷いてくれる（重要な）ものです。ただ、私たちは生まれるということは自分で選ぶことはできません。いろいろな家庭に生まれて「あ、自分の両親はこういう両親で、自分の親族はこういう人がいて、自分の経済的立場はこうで……」ということをずいぶん後になって気がついてきて、「私」はどのような存在かという事を考えます。思春期になってきて、（様々な事を考えて）そこで人間というものは実際にスタートするわけですね。そこに行く前は、人が生まれる時の事ですが、赤ちゃんは生まれた時に呼吸していないと、お尻をたたいたり、足の裏をつねったりして（刺激を与えてから自ら酸素を取り入れるように）外気を入れなければなりません。大気（気）というものが、それがいかに重要かということを、助産婦さんは生まれた子が息をしない時、「おぎゃあ」と声を上げない時、呼吸をしているかどうかを見極めて、その子をたたいたり、くすぐったりして、その子が本当の意味で生まれるように、息を自分でできるように助けてあげることからもわかります。その時の、（生まれた）年の気というものと、（生まれた）月の気というものが気質、個性をいうものをつくっていきます。これはもう否定はできないことなのです。古い言葉で言うと「宿命」。基本的にはそういうふうな運命の中で皆さんは生きて来て、できるだけロスを少なくして生きようと気学を活用している。一日の小さなことから人生の大きな節目の問題に対して私たちは判断を迫られます。例えば、引っ越しなどの大きなことは人生の中でなかなかありませんが、いろいろなご商売、あるいはお付き合いの中で様々な判断を迫られる時に、結局、気学で自分の星が後天定位盤や年盤、月盤などのどこにいるのか、あるいはどの方位を避けるべきか、これが大体今から三千年ぐらい前から少しづつ始まり中国人が思索を重ねてきました。「気の流れ」を「易」という形に切り替え、さらにそれを、当てる外れるという「当てもの」から、先ほどの伊藤聖優雨会長の講演にありましたように、（人の運気を）一つのルールとして（人の運気を）見抜いていくというところまで、今日来たわけです。それが気学ということです。

聖法氣學會は昭和三十年に創立されまして、いま日本でこれだけの教室とコースと出版物を備えているのは、唯一、聖法氣學會のみになりました。それは聖法氣學會がしっかりと、気というもの、土というもの、そして、気の働きと人間というものを捉えてきたからだと思います。他のところは、それらについて説明するリーダーがいなかったから、だんだんに衰えていったということではないかと私は思います。

政界に目を向けますと、アメリカのトランプ大統領は身体が大きくて私のお父さんのような風格をもっています。私が息子だと言っても通じるぐらい大きいですね。彼も七十二歳で実は私と同じ年で、本命星は九紫火星です。口は達者で派手で、見栄っ張りではったり屋と、私とよく似ているんですね。私の一回り上の九紫火星には「セサミン飲んでいますか？」とテレビコマーシャルで活躍している加山雄三さんがいます。みんな九紫火星の人は派手なんですね。人間の心というものは最後には戦争も起こすし、あるいは平和にもなるし、その心というものを突き動かしているのがその年のその月の星回りの方位と気の関係、それにどう反応するのか、その反応の仕方が本命星によってみんな違うのです。例えば、一白水星の人は今年はこのような反応の仕方の傾向があると先程の会長講演でお伝えしたわけです。私たち庶民から世界のリーダーといわれる人でも、所詮はみんな同じです。生まれる時にお尻を叩かれて呼吸をし始めるというのはトランプ大統領も私たちも変わりありません。ということは彼らの気分一つで世界は危機になったり、冷戦に戻ったりします。結局は気の力と本人の気持ちで決まってしまう。人がもつ気質によるものなのですね。そしてみなさんの今日の気分、今年の気合いはどこから来るのだろうという事をよくよく考えてほしいのです。お時間があれば教室に通っていただいたり、時間がなければ先ほど紹介された本を読んでいただいて、気の存在が如何に大切かという事を学んでほしい。ちょっとした気のゆるみで大変な被害に遭ったり、ちょっとした気のおごりで辞職に追い込まれたりと様々な事が起こります。そのことを理論、学問にしたのが気学なのです。毎年気の方位は変わってきます。皆さんを包み込んでいる気も毎年変わってきます。そしてそれに皆さんの九種類の本命星の気のパターンがあります。煽られるとすぐにかっとする九紫火星の人とか、煽られてもじーっと冷静に見ている二黒土星とか、大体のパターンがあるのです。それをどの程度自分でもっているかというのは、本命星とか月命星とか傾斜とかそれらを総合的にみていくのですが、午前中に伊藤聖優雨会長の講演はその大枠を話されているわけです、いろいろとお話ししましたが、みなさんには、ぜひ、気の存在を分って、気をうまく使う方法を学んでいただき、ロスの少ない人生を送っていただきたいと思います。（了）

# おわりに

令和も五年目になり、この間いろいろな出来事がございました。ことに昨年五黄土星の年には、ウクライナ紛争が起こり、あるいは元首相へのテロなど、世間を騒がす出来事が重なった年でした。このような日々慌ただしく流れていくなか、当会は昭和、平成、令和と七十年の時を紡いで、会員皆様のご支援のもと皆様のお役に立つために活動して参りました。

この記念論集も、そのような活動のひとつでございます。気学の柱であります御神砂とり行事も、昭和四、五十年のころまでは、様々な会が行っていましたが、現在では、当会だけが催行しているのみとなっております。このことは、如何に長きにわたって皆様の信頼を頂くのが大切であるかを物語っているのではないでしょうか。

最後になりましたが、このたびの記念論集に玉稿を掲載いただきました会員の皆様をはじめ、機関誌『聖法』の読者の皆様、寄稿される皆様、そして風の会でお会いする皆様に感謝の心を捧げますとともに、今後も災いを避け運気を上げ、納得した毎日をおくっていくために気学を展開していく所存でございます。どうぞ宜しくお願い申し上げます。

令和五年一月

聖法氣學會　会長　伊藤　聖優雨

気学の道　聖法氣學會創立七十周年記念論集

2023年1月31日　第1刷発行

編　者　聖法氣學會
発行人　大杉　剛
発行所　株式会社 風詠社
〒553-0001　大阪市福島区海老江 5-2-2
大拓ビル 5 - 7 階
TEL 06（6136）8657　https://fueisha.com/
発売元　株式会社 星雲社
（共同出版社・流通責任出版社）
〒112-0005　東京都文京区水道 1-3-30
TEL 03（3868）3275
装幀　2 DAY
印刷・製本　シナノ印刷株式会社

ISBN978-4-434-31606-7 C3011